# Rubem Alves

# A GRANDE ARTE DE SER FELIZ

PAIDÓS

Copyright © Rubem Alves, 2014
Copyright © Editora Planeta do Brasil, 2016, 2024
Todos os direitos reservados

*Revisão*: Rosamaria G. Affonso e Wélida Muniz
*Diagramação*: 3Pontos Apoio Editorial Ltda e Anna Yue
*Capa*: Filipa Damião Pinto (@filipa_) | Estúdio Foresti Design
*Ilustração de capa:* A. F. Lydon & B. Fawsett. Maranta Porteana leaf illustration. Les Plantes à Feuillage (1865). E. Magnette. Comb (ca. 1936). The National Gallery of Art. J. van Kessel. Insects and Fruits (1660–1665). Rijksmuseum. G. Shaw. Great nautilus or Whitish nautilus illustration. The Naturalist's Miscellany (1789-1813). G. Shaw. Thysania agrippina caterpillar illustration. The Naturalist's Miscellany (1789-1813). J. van Kessel. Butterfly from Insects and Fruits (1660–1665). Rijksmuseum. L. Prang & Co. Christmas card depicting needlework (1865-1899). The New York Public Library. M. Fitzgerald. Buttons (1935–1942). The National Gallery of Art/rawpixel.
*Ilustrações de miolo:* Elivelton Reichert

Dados Internacionais de Catalogação na Publicação (CIP)
Angélica Ilacqua CRB-8/7057

Alves, Rubem
    A grande arte de ser feliz / Rubem Alves. – 2. ed. - São Paulo : Planeta do Brasil, 2024.
    160 p.

    ISBN 978-85-422-2757-4

    1. Crônicas brasileiras I. Título

24-2229                                        CDD B869.8

Índice para catálogo sistemático:
1. Crônicas brasileiras

Ao escolher este livro, você está apoiando o manejo responsável das florestas do mundo

2024
Todos os direitos desta edição reservados à
Editora Planeta do Brasil Ltda.
Rua Bela Cintra, 986, 4º andar – Consolação
São Paulo – SP – 01415-002
www.planetadelivros.com.br
faleconosco@editoraplaneta.com.br

**Acreditamos nos livros**

Este livro foi composto em Cochin e impresso pela Gráfica Santa Marta para a Editora Planeta do Brasil em junho de 2024.

# Sumário

Apresentação                  9

## Coisas que dão alegria

| | |
|---|---|
| *Laudate Pueri* | 13 |
| Meu Deus, me cura de ser grande! | 22 |
| Os olhos de Camila | 29 |
| Anjos | 35 |
| Pastoreio | 42 |
| Sem contabilidade | 49 |
| Sobre urubus e beija-flores | 57 |
| O rei, o guru e o burro | 64 |

## Coisas do amor

| | |
|---|---|
| A difícil arte de ser feliz | 73 |
| Sobre mães e filhas(os) | 77 |
| "Vossos filhos são pássaros…" | 81 |
| Amar sem esperar retribuição | 86 |
| Sobre a infidelidade | 91 |
| Amor pelo terapeuta | 96 |
| Ame e deixe morrer… | 101 |
| Esforce-se por ser feliz… | 106 |
| Bagunça | 110 |

## Coisas da alma

| | |
|---|---|
| Sobre Deus | 117 |
| Sobre o inferno | 122 |
| De novo, o inferno... | 127 |
| Sobre a fé | 132 |
| O que é uma pessoa feliz? | 137 |
| Vaga-lumes | 141 |
| Sobre a homossexualidade | 145 |
| Sobre a salvação da minha alma | 149 |
| "O lugar onde Deus nasce" | 155 |

# Apresentação

Gostaria que você usasse este livrinho como se usa um brinquedo: por puro prazer. Um brinquedo, para ser bom, tem de conter um desafio. Ele me olha e me diz: "Veja se você pode comigo!". Assim é uma pipa, um pião, um quebra-cabeças, um bilboquê, um jogo de xadrez, um problema de matemática. Brinquedos em que basta apertar um botão para a coisa acontecer logo perdem a graça e vão para o armário. Como é que você brinca com as coisas que escrevo? Pensando os seus próprios pensamentos. Pensar é uma deliciosa forma de brincar. Livros que dão respostas prontas são iguais aos brinquedos que funcionam quando apertamos o botão. Vai, assim, o meu desafio: "Brinque comigo!".

Rubem Alves

# Coisas que
## dão alegria

## LAUDATE PUERI

CADA UM LOUVA COMO PODE. Os magos, ricos, trouxeram presentes caros, preparados por artistas e comprados em lojas de cristal; os pastores, pobres, trouxeram nas mãos coisas que eles mesmos haviam colhido: o brilho das estrelas nas noites tranquilas, a música das flautas na solidão das colinas; o cheiro do capim molhado de orvalho; as vacas e o jumento, sem nada poder colher ou comprar, louvaram a criança com seus olhares mansos e, musicalmente, binariamente, com o balanço do rabo.

Eu também louvo do jeito como sei e posso: são cinco horas da manhã. A lua, um "D" brilhante, faz tranquilamente o seu serviço de luz no meio do céu. Penso em você, que ainda não vi nem pensa em mim, por não saber que eu existo. Me pergunto sobre o louvor que sei. Música, é claro. Não existe nada mais profundo. A alma, nos seus lugares onde as vozes perturbadas dos homens não atingem, onde tudo é silêncio, lá não há palavras. Lá só existe música. Os físicos de hoje, quanto mais sabidos, mais tolos ficam. Esquecem-se da sabedoria dos antigos. Dizem que no início de todas as coisas está a energia. Agora eu pergunto a você que nunca foi a nenhuma escola: o que é que vem primeiro, a música ou o instrumento? Qualquer tolo sabe que a música veio primeiro. Primeiro os homens ouviram a música com os ouvidos da alma. E tão fascinados ficaram que trataram de inventar instrumentos para que também os ouvidos do corpo a pudessem ouvir. Da música nasce a matéria. Os físicos antigos sabiam disso. Olhavam para os céus estrelados e ouviam a silenciosa música das esferas: cada astro era um globo de cristal, instrumento de uma orquestra na qual Deus tocava sua música. O evangelista escreveu: "No princípio era o Verbo". Mas ele, distraído, se esqueceu de dizer que esse Verbo eram as palavras de uma canção. Ele prestou só atenção na letra. Caso contrário, teria escrito: "No princípio era a Música".

Uma vez que, com a sua chegada, o universo se inicia de novo, achei que seria próprio combinar o escuro da noite, o brilho da lua e a minha abençoada solidão de madrugada com a música, para assim louvar você. Não quero lhe oferecer só a música que existe nos vãos das minhas palavras. Quero lhe oferecer música pura. E foi assim que, no meio dos meus CDs, procurei e achei: *Laudate pueri* — louvai, crianças —, George Friedrich Händel, Dietrich Buxtehude, Antonio Vivaldi. E é isso que ouço enquanto escrevo.

Prestando bem atenção, você perceberá que seu nome é música — mínima música. Basta repetir alto: *Ana Carolina, Ana Carolina, Ana Carolina* — menina bailarina, que dança em câmera lenta, em passos binários —, ou será o movimento das asas de uma gaivota, binários também — talvez não haja diferença —, o que todos os bailarinos desejam é voar como pássaros, por isso saltam tão alto, suplicam aos deuses o milagre de transformar sua dança em voo — desejam levitar, flutuar no ar.

    Ritmo binário, tum-tum, tum-tum, tum-tum, assim bate o coração de mãe, a que seus ouvidos estiveram encostados por nove meses, e de tanto ouvi-lo ele ficou gravado no seu corpinho, que agora sabe que quando esse ritmo é ouvido, o universo está em ordem. Tum-tum, tum-tum, tum-tum, não há o que temer, pode dormir. Assim batem as canções de ninar, assim balançam os berços, assim batem as mãos no bumbum do nenezinho. Todos querem imitar o coração materno.

    O que vou lhe dizer é um segredo, conversa entre avô e neta — os pais estão excluídos, não

## COISAS QUE DÃO ALEGRIA

diga nada para eles. Aprenda: os adultos são uns tolos. E preciso que você não fique como eles. Claro que eles vão fazer de tudo para passar você na máquina Xerox chamada escola. Resista. Se eu ainda estiver por perto, a ajudarei. Palavra de avô. Pergunte a Mariana, sua priminha. Ela confirmará o que estou dizendo.

O Pequeno Príncipe... Até me esqueci de perguntar se você, em sua longa viagem até esta terra, não passou por ele. Como ele é? É fácil saber. Mora num minúsculo asteroide, cuida de uma rosa, tem um carneirinho e morre de rir quando se lembra dos adultos... Ele percebeu aquilo que só nós, crianças, percebemos: que eles, os adultos, são todos doidos. Por exemplo: foi ele que me disse isto: se a gente contar para um adulto que a casa da gente é branca, de janelas vermelhas, flores no jardim e pássaros no telhado, ele fica olhando, cara espantada, como se fôssemos de um outro mundo. Agora, se a gente disser que mora numa casa que custou R$ 300.000,00, ele sorri e diz: "Mas que linda casa!".

Os adultos pensam que o maior e o mais caro é o melhor. Pensam que a alegria e os deuses vêm empacotados em embrulhos grandes. Por exemplo: quando falam em Deus, pensam logo numa coisa grande, muito grande, terrível, do tamanho do universo, e ficam falando em coisas que o pensamento não entende, como tempo de bilhões de anos e distâncias de anos-luz. Não sabem que a alegria, o maravilhoso, o divino estão ali pertinho, ao alcance da mão. Divina é uma gota de orvalho, uma amora roxa, uma cambalhota de tiziu, um raio de sol numa teia de aranha, a cor de uma joaninha, um bombom, uma bolinha de gude, um amigo, uma acertada de bilboquê: coisas pequenas, sem preço. Como você. Você é pequenininha e, ao preço de mercado, não deve valer muito. Mas você é mais maravilhosa que o universo inteiro. Porque você tem o poder de dar alegria e

## COISAS QUE DÃO ALEGRIA

de sentir alegria. O universo não tem. Deus é alegria. Uma criança é alegria. Deus e uma criança têm isto em comum: ambos sabem que o universo é uma caixa de brinquedos. Deus vê o mundo com olhos de criança. Está sempre à procura de companheiros para brincar. Os grandes, doidões e perversos pensam que Deus é como eles, de olho malvado, que espiona em todos os lugares, para castigar. Você sabe que não é assim.

Sua boquinha no seio da mãe: sem saber nada de você já sabe a filosofia essencial. No seio se encontra o resumo de tudo o que vale a pena ser sabido. Primeiro, que é importante viver. O leite dá vida. Mas o seio não é só o lugar do leite. É o lugar do deleite. Prazer. A gente vive para ter prazer. No seio se aprende que viver é bom. Viver é divino. O mundo é um corpo cheio de seios, um espaço cheio de paraísos. Mas os seios e os paraísos só aparecem àqueles que têm os olhos de criança.

A GRANDE ARTE DE SER FELIZ

Essas coisas que estou lhe dizendo são coisas que só aprendi direito depois que fiquei avô. Eu sabia delas quando era menino. Quando virei adulto, fiquei sério e esqueci. Depois de ficar velho, esqueci as coisas de adulto e reaprendi o que havia esquecido.

Sabe, Ana Carolina: estou fazendo uma casa para vocês, minhas netas: você, a Mariana e a Camila, e os outros que vierem. Lá estou colocando minhas coisas de criança, brinquedos. Somente os dignos de ser preservados. Lá estão piões, bolas de gude, pipas, caleidoscópios, quebra-cabeças, bonecas, marionetes, fantoches, um mundaréu de objetos inúteis que não servem para nada, mas que têm o poder de fazer sonhar, livros de estórias, de poesia, de contos, livros de figura, jardinzinhos, fontes, plantas, bonsais, quadros, pôsteres, CDs. Esta é a minha casa, a minha herança: uma casa de brinquedo para vocês. Agora que você chegou, e sem ter visto o seu rosto, eu olho para os meus

## COISAS QUE DÃO ALEGRIA

brinquedos e imagino você brincando com eles. Isso me faz feliz. E, quem sabe, até mesmo seus pais e outros adultos que se tornaram crianças se juntarão a nós. Beijão do seu avô, companheiro de brincadeiras.

# Meu Deus, me cura de ser grande!

O céu estava enfarruscado. O vento soprava nuvens cinzentas desgrenhadas. Nem lua nem estrelas. Bem dizia minha mãe que em dia de chuva elas se escondem, por medo de ficar molhadas. A gente se lembrou de Prometeu: foi ele quem roubou dos deuses o fogo — por dó dos mortais em noites iguais àquela. Se não fosse por ele, o fogo não estaria crepitando no fogão de lenha. O fogo fazia toda a diferença. Lá fora estava frio, escuro e triste. Na cozinha estava quentinho, vermelho e aconchegante. No fogo fervia a sopa: o cheiro era bom, misturado ao cheiro da fumaça. Comida melhor que sopa não existe. Se eu tivesse de escolher uma comida para comer pelo resto de minha vida, não seria nem camarão, nem picanha, nem lasanha. Seria sopa. Sopa é comida de pobre, que pode ser feita com as sobras. Pela magia do fogo, caldeirão, água e qualquer sobra vira sopa boa. Tem até a estória da sopa de pedra...

O fogo é um poder bruxo, tem o poder de irrealizar o real: os olhos ficam enfeitiçados pela dança das chamas, os objetos em volta vão perdendo os contornos, acabam por transformar-se em fumaça. Quando isso acontece, começam a surgir, do esquecimento em que estavam guardadas, as coisas que a memoria eternizou. O fogo faz esquecer para poder lembrar. Digo sempre para os meus clientes que, em vez do divã, que lembra maca de consultório médico, eu preferiria estar sentado com eles diante de um fogão aceso. É diante do fogo que a poesia aparece melhor. Não admira que Neruda tivesse dito que a substância dos poetas são o fogo e a fumaça.

## A GRANDE ARTE DE SER FELIZ

"Antigamente eu costumava propor uma troca com Deus: um ano de vida por um só dia da minha infância... Hoje não faço isso. Tenho medo de que ele me atenda. Não acho prudente, na minha idade, dispor assim dos meus anos futuros, pois não sei quantos estão ainda à minha espera..." Assim falou a Maria Alice com voz mansa, saudade pura. O fogão de lenha é lugar de saudade. Porque os fogões de lenha, eles mesmos, são fantasmas de um mundo que não mais existe.

"Quando eu era menina, lá em Mossâmedes, nas noites frias a gente se reunia na cozinha, todos assentados em volta de uma bacia cheia de brasas, os pés nos pauzinhos das cadeiras, era bom o calor do fogo nos pés frios..."

"... a mãe enrolava um pano na cabeça e dizia: 'vou no quintal apanhar umas folhas de laranjeira pra fazer um chá pra nós' — e virava a taramela para abrir a porta da cozinha. O pai dizia sempre a mesma coisa, todo dia: 'Mulher, você vai é ficar estuporada, de boca torta. Faz mal tomar friagem com corpo quente de fogo...' mas a mãe nem ligava. Com as canecas quentes de chá na mão — como era bom o cheiro de folha de laranja! Posso até sentir ele de novo! — a gente pedia ao pai pra contar estórias. Ele contava. Eram sempre as mesmas. A gente já sabia. Mas era como se ele estivesse contando pela primeira vez. Vinha sempre o assombro, o medo, os arrepios na espinha."

Aí ela parou e começou a divagar. Lembrou-se de um tio.

"Naquele tempo, as pessoas eram diferentes. Pois esse meu tio tinha, na frente da casa dele, uma sala grande, vazia, que nunca era usada. Houve gente que quis alugar a sala — ele receberia um bom dinheirinho por ela. Recusou. E se explicou: 'Não alugo, não. É dessa sala que eu vejo a chuva vindo, lá longe. Se eu alugasse, ficaria triste quando a chuva viesse...'. E as pessoas eram diferen-

## A GRANDE ARTE DE SER FELIZ

tes...". Houve um silêncio. Aí a memória poética se transformou em imaginação teológica.

"Eu acho que há muitos céus, um céu para cada um. O meu céu não é igual ao seu. Porque céu é o lugar de reencontro com as coisas que a gente ama e o tempo nos roubou. No céu está guardado tudo aquilo que a memória amou..."

Já sugeri que teologia é coisa que deve ser feita na cozinha. Claro que não é qualquer cozinha. Cozinha de micro-ondas e fogão a gás não serve. Sei que é mais prático. Fogão a lenha é coisa complicada. É preciso muita arte para acender o fogo. E é preciso cuidado para que ele não se apague. Mas que sonhos me fazem sonhar um forno de micro-ondas? Que sonhos me fazem sonhar um fogão a gás?

Enquanto a Maria Alice falava, eu voltava para minha casa de infância, em Minas Gerais, casa velha, forro de esteira, assoalho de tábuas largas, já meio apodrecidas, goteiras sem conta nos dias de chuva. A gente não se afligia. Isso era o normal. Telhado sem goteira era impensável. E era bom ouvir os pingos da chuva batendo nas panelas e bacias espalhadas pela casa. Era do mesmo jeito nas noites frias. Com duas diferenças: a gente apagava a luz. Não por economia, mas para fazer a magia mais forte. No escuro, os rostos refletiam as brasas, ficavam vermelhos contra o fundo preto. A imaginação ficava bêbada; as estórias, mais fantásticas. A outra diferença é que havia sempre o apito rouco do trem de ferro. Vinha resfolegando, apitava na curva um gemido rouco, triste. Chamuscava a paineira velha com milhares de faíscas que saíam aos jatos, ejaculações incandescentes, e eu imaginava que assim tinham nascido as estrelas: eram faíscas de um trem de ferro cujo maquinista era Deus.

Fernando Pessoa era tomado por êxtases metafísicos ao contemplar o cais de pedra e os navios que partiam. Eu sinto o mesmo ao pensar no trem de ferro e no seu apito rouco que não mais se ouve. "Um trem de ferro é uma coisa mecânica, / mas atravessa a noite, a madrugada, o dia, / atravessou minha vida / virou só sentimento." Assim foi o gemido rouco da Adélia Prado, poema "Explicação de poesia sem ninguém pedir": apito de trem de ferro.

Lembro-me do meu assombro quando meu pai completou 60 anos. Como ele me parecia velho!

Com certeza já estava remando sua canoa rumo à terceira margem do rio. Eu acho que a terceira margem é a saudade. Diz o Riobaldo que "toda saudade é uma forma de velhice". Hoje, 15 de setembro, jogo no rio da saudade mais um ano de vida. É a 63ª vez que faço isso. A vela está ficando curta. E o faço rezando, com a Maria Alice e a Adélia: "Meu Deus, me dá cinco anos, me cura de ser grande...".

# Os olhos de Camila

O TEMPO OPERA CRUÉIS transformações sobre o corpo. Um dos livros mais sábios jamais escrito, o *Tao Te King*, assim as descreve: "Um homem, ao nascer, é macio e frágil. Ao morrer ele é duro e rígido. As plantas verdes são macias e cheias de seiva. Na sua morte elas estão murchas e secas. Portanto, o rígido é o que não se curva, são discípulos de vida".

Esse processo inexorável de endurecimento manifesta-se primeiramente nos olhos. A morte tem especial predileção pelo olhar. Bachelard sabia disso e se perguntava: "Sim, a luz de um olhar, para onde ela vai quando a morte coloca seu dedo frio sobre os olhos de um morto?".

É nos olhos que ela injeta o seu sêmen...

Escher. Não sei se esse nome lhe é familiar. É melhor que seja porque, no dia do Juízo Final,

Deus vai lhe perguntar sobre ele, e não vai gostar se você disser que nunca ouviu esse nome. Assim, trate de conhecê-lo antes de morrer.

Os desenhos de Escher se encontram em qualquer livraria boa. Não são baratos. Se forem caros demais, veja na livraria mesmo. Frequentar livrarias para brincar de ver figuras e ler é uma felicidade gratuita. Já passou pela sua cabeça "playcenters"? Brincam as ideias com as palavras, brincam os olhos com as imagens, brinca o nariz com os cheiros cheios de memórias que moram nos livros, brinca o tato, os dedos acariciando o papel liso como se fosse a pele do corpo amado...

Mas, se você tem o dinheiro, vale a pena comprar. Você gastou dinheiro comprando óculos para ver melhor. Gaste dinheiro agora dando aos seus olhos o que ver. Caso contrário, você será o tolo que compra panelas e não compra comida. As gravuras de Escher são comida para os olhos: fazem mais bem aos olhos do que os melhores colírios...

COISAS QUE DÃO ALEGRIA

Os desenhos de Escher são koans, desafios ao olhar, terremoto da inteligência. Uma das suas gravuras mais terríveis tem o nome de "Olho": é só um olho e, dentro dele, refletida, a imagem da morte.

Comparando o dito de *Tao Te King* com a gravura de Escher, concluo que aquele é um olho adulto, pois é no corpo endurecido de adultos que a morte mora.

O remédio, segundo o mesmo livro, é tornarmo-nos "de novo como crianças pequenas". Se isso lhe acontecer, você não voltará a ser criança pequena de novo, como pensou o tolo Nicodemos quando Jesus lhe disse a mesma coisa; você ficará como criança pequena. Ficar como criança pequena é ficar sábio. Diz o *Tao Te King* que o segredo do sábio, a razão por que todos olham para ele e o escutam, é que "ele se comporta como uma criança pequena". O sábio é um adulto com olhos de criança. Os olhos, diferentemente do resto do corpo, preservam para sempre a propriedade mágica de rejuvenescimento.

## A GRANDE ARTE DE SER FELIZ

Sua cabeça de cientista provavelmente discordará. Você dirá que somente os adultos veem direito. Os adultos passaram muitos anos nas escolas, seus olhos fizeram caminhadas infinitas pelos livros. Os seus olhos sabem muito, estão cheios. Por isso, devem ver melhor.

Mas esse é, precisamente, o problema. Quando um balde está cheio de água, não é possível colocar mais água dentro dele.

Os olhos dos adultos são como balde cheio, como um espelho no qual se colou uma infinidade de adesivos coloridos. O quadro ficou bonito. Mas o espelho se foi. O espelho parou de ver. Ficou cego.

Os olhos das crianças são baldes vazios. Vazios de saber. Prontos para ver. Querem ter tudo. Tudo cabe dentro deles. Minhocas, sementinhas, bichinhos, figuras, colheres, pentes, folhas, bolinhas, colares, botões — os olhos de Camila, minha neta, se encantam com as coisas. Para eles, tudo é fantástico, espantoso, maravilhoso, incrível, assombroso. Os olhos das crianças gozam da capacidade de ter o "pasmo essencial" do recém-nascido que abre os olhos pela primeira vez. A cada momento eles se sentem nascidos de novo para a eterna novidade do mundo.

Walt Whitman diz que, ao começar os seus estudos, o que mais o agradou foi o dom de ver. Ficava encantado com as formas infinitas das coisas, com os menores insetos ou animais: "Esse papo inicial me assustou tanto, me agradou tanto, que não foi fácil para eu passar, seguir adiante, pois eu teria querido ficar ali flanando o tempo todo, cantando aquilo em cânticos extasiados".

Os olhos dos adultos, havendo se enchido de saber, e havendo, portanto, perdido a capacidade de ver das crianças, olham sem nada ver (daí o seu tédio crônico) e ficam procurando cura para sua monotonia de ver em experiências místicas esquisitas, em visões de outros mundos, ou em experiências psicodélicas multicoloridas.

Pois eu lhe garanto que não existe visão de outro mundo que se compare, em beleza, à asa de uma borboleta. Quem o disse foi Cecília Meireles, poetisa. Os poetas são religiosos que não necessitam de religião porque os assombros deste mundo maravilhoso lhes são suficientes. Foi assim que ela pintou a cosmologia poética que seus olhos viam: "No mistério do Sem-Fim, / equilibra-se um planeta. / E, no planeta, um jardim, / e, no jardim, um canteiro: / e, no canteiro, uma violeta, / e sobre ela, o dia inteiro, / entre o planeta e o Sem-Fim, / a asa de uma borboleta".

"Um homem, ao nascer, é macio e frágil. Ao morrer ele é duro e rígido."

O que o sábio chinês disse ao corpo inteiro, o poeta espanhol Antônio Machado disse aos olhos:

"Olhos que para a luz se abriram / um dia para, depois, / cegos retornar à terra, / fartos de olhar sem ver!".

# Anjos

Eu nunca vi um anjo. Olhos que veem anjos são olhos especiais, dádivas dos deuses, não são todos que os possuem. Eu não sou um deles. Mas os deuses me dotaram de um outro órgão para sentir os anjos: o nariz. O nariz é o meu órgão angelical. Eu não vejo anjos. Eu cheiro anjos. Para mim, os anjos são seres nasais. Eles se revelam sob a forma de perfumes. Vou andando solidamente pela rua, imerso em meus pensamentos comuns. Repentinamente, uma súbita fragrância enche a minha alma. Fico leve, perco a solidez, crescem-me asas nas costas e sou instantaneamente transportado para um não-sei-lá-onde, onde fui feliz. Aquela felicidade perdida me é devolvida. Como o acontecido não foi resultado de coisa que eu tenha feito, não acho descabido imaginar que o responsável tenha sido um anjo perfumado, meu amigo.

Minha educação angelical começou muito cedo. Tomei minhas primeiras lições num salão de barbeiro. Havia lá uma folhinha que a todos comovia e tranquilizava: uma paisagem bucólica, um menino e uma menina, irmãozinhos, pés descalços, pelas trilhas da floresta, sozinhos, prestes a atravessar uma frágil pinguela sobre um abismo: tão fácil cair. Mas não havia razões para temer. Protegia-os um anjo de beleza máscula e brancas e enormes asas. Com um quadro daqueles na parede, os pais e as mães podiam dormir tranquilos. Era o Anjo da Guarda, que, ao que me consta, continua a guardar as criancinhas que atravessam pontes nas florestas.

Numa loja de sírios aprendi sobre os pés dos anjos. O senhor humilde se aproximou do balcão e pediu: "Um pé de anjo número 29".

Logo o seu Nagib atendeu à ordem do freguês, trazendo-lhe um par daquilo a que hoje se dá o nome de tênis. Pé de anjo era tênis branco. É fácil compreender porquê. O maior orgulho dos pais beatos era que a filha desfilasse na procissão vestida de anjo, o que era o terror dos patos cujas penas seriam arrancadas sem dó nem piedade para a confecção das asas dos seres celestes. Inúteis eram os grasnados dos patos: não há Anjos da Guarda para protegê-los. Branca a grinalda, brancas as asas, branco o vestido — os sapatos teriam de ser brancos também. Pé de anjo...

Depois foi na escola dominical da igreja protestante que eu frequentava. Me faziam cantar um hino que dizia: "Eu quero ser um anjo / um anjo do bom Deus / e imitar na terra / os anjos lá do céu". Foi então que se manifestou minha vocação para a heresia. Pensei que o hino estava errado: se Deus me fizera menino, era porque ele queria que eu fosse menino. O hino era, assim, uma rebelião contra a vontade divina. Deus queria que eu fosse menino, e os religiosos eram mais piedosos que o próprio Deus e queriam que eu fosse anjo. Eu não queria ser anjo, pois achava que vida de anjo devia ser muito chata.

Depois, aprofundei meus conhecimentos angelológicos na leitura dos poetas. Está lá num dos poemas de Fernando Pessoa: "Que anjo, ao ergueres a tua voz, sem o saberes, veio baixar sobre esta terra onde a alma erra e soprou as brasas de ignoto lar?". Disto sabia o poeta: que os lares perdidos não são perdidos. Estão sob a guarda dos anjos que moram na memória. Lá, os lares ignotos vivem como brasas escondidas sob as cinzas do esquecimento. Mas os anjos da memória não deixam que eles sejam esquecidos. Vez por outra batem as suas asas, a cinza voa, as brasas viram fogo. Sobre isso sabe a psicanálise, muito embora ela tenha pudores de chamar os anjos pelo seu nome próprio e tenha inventado outros. Mas a alcunha não importa: tudo é anjo.

## COISAS QUE DÃO ALEGRIA

Rilke foi meu outro professor. Para ele, os anjos são seres terríveis, muito diferentes daquele que seguia as duas crianças pelas inocentes trilhas da floresta. Suas *Elegias de Duíno* se iniciam com uma invocação de Anjos surdos. "Quem, se eu gritasse, entre as legiões dos Anjos me ouviria? E mesmo que um deles me tomasse inesperadamente em seu coração, aniquilar-me-ia sua existência demasiado forte. Pois o que é o Belo senão o grau do Terrível que ainda suportamos e que admiramos porque, impassível!, desdenha destruir-nos? Todo Anjo é terrível". Esse texto está carregado de mistérios que o espaço não nos deixa investigar. Basta ouvir sua exclamação pavorosa: "Todo Anjo é terrível!".

Com isso, concordaria Jacó, filho de Isaac, puro medo da cabeça aos pés. Ele ia andando por um caminho, invocando a proteção do Anjo da Guarda. Era noite escura. E o Anjo lhe apareceu — terrível, horrendo, de espada na mão.

"Defenda-se ou o mato", o Anjo disse.

Jacó não teve escolha. Puxou sua espada e lutou com o Anjo a noite toda. E pasmem: venceu. Ao romper da aurora, ao se despedir, o Anjo derrotado lhe disse: "Fui derrotado, mas lhe deixarei uma lembrança, para que você não se esqueça". E num gesto súbito tocou a coxa de Jacó com a sua espada. Jacó ficou manco pelo resto da vida. Nunca mais se esqueceu. A cada mancada ele se lembrava e se sentia valente. E nunca mais teve medo. E até teve de mudar o seu nome para Israel: "aquele que lutou com Deus e prevaleceu". Por vezes é preciso lutar com o Anjo a noite toda para se ganhar um nome, para se descobrir a própria verdade enterrada sob as cinzas do medo.

Mas os Anjos de que mais gosto são aqueles que foram fazer uma visita a Abraão e Sara, avós de Jacó. Abraão já era velho, desdentado, flácido, esquecido dos distantes prazeres do amor. Sara, sua mulher, enrugada, seios murchos e compridos, pendurados, velha — só lhe restavam os prazeres da cozinha. E ela estava cozinhando para os dois hóspedes quando ouviu a conversa que se desenrolava na sala. Um deles se pôs a dizer disparates. Com certeza, bebera demais. Pois ele afirmou que ela ficaria grávida e teria um filho. Sara teve um ataque de riso — riu tanto que entornou o guisado que preparava. Os visitantes se ofenderam e, como castigo, disseram que o filho que ela ia ter chamar-se-ia Isaac, que quer dizer "riso".

Esses são os "Anjos das Coisas Impossíveis". São eles que ressuscitam os mortos, engravidam as virgens, fazem brotar fontes nos desertos e florescer as árvores sob a neve, tocam os velhos com a sua espada e coisas imprevistas acontecem.

Mas que perfume mais gostoso! E essa fisgada na coxa! Acho que um Anjo passou por perto! Mas não tenho certeza. Enquanto duvido, vou mesmo é empinar uma pipa...

# Pastoreio

Manhã de domingo. Depois de muita chuva, o céu amanheceu azul. Céu azul, depois de muita chuva, é uma felicidade. Vou levar meu rebanho a passear. Convido meu amigo Alberto Caeiro a me acompanhar. Também ele é um guardador de rebanhos. "Minha alma é um pastor", ele diz. "Conhece o vento e o sol e anda pela mão das estações a seguir e a olhar. Toda a paz da natureza sem gente vem sentar-se ao meu lado...". Se alguém o chamar de mentiroso, dizendo que nunca o viu guardar rebanhos, ele logo explica que, de fato, ele não pastoreia ovelhinhas brancas de lá a berros. Suas ovelhas são as suas ideias, que ele leva a passear pelos campos.

Os campos fazem bem tanto às ovelhas quanto às ideias, especialmente nesse dia lindo por fora, mas meio cinzento por dentro, que põe em mim uma sombra de tristeza. Mas meu companheiro logo me consola, dizendo que aquela "tristeza é sossego, é natural e é justa, e é o que deve estar na alma quando já pensa que existe e as mãos colhem flores sem ela dar por isso". Vou, assim, contente com a minha tristeza, levando minhas ovelhas, que estão visivelmente agitadas. Acho que sentiram cheiro de lobo no ar.

Olho para o campo. Sinto que o outono está chegando. Suas marcas são inconfundíveis. Primeiro o ar, que fica mais fresco, quase frio. Uma brisa vai passando, brincando de fazer cintilar as folhas das árvores sob a luz do sol. Nas folhas dos eucaliptos ela toma um banho de perfume, e vem fazer cócegas no nariz da gente e nos pelos do corpo, que se arrepiam de prazer. Friozinho gostoso. Dali salta para o capim-gordura e vai soprando as suas hastes floridas. As florescências de outono, eu as acho mais bonitas que as florescências de primavera.

As florescências de primavera são "por causa de". As florescências de outono são "a despeito de".

    Acho as flores do capim-gordura mil vezes mais bonitas que as rosas. Rosas são entidades domesticadas. Elas são como o leite das vacas de estábulo, aquelas vacas enormes, protegidas de sol e chuva, enormes olhos parados, obedientes, jamais pensam um pensamento proibido, / só sabem / comer, ruminar, parir, dar leite que se vende em saquinhos de plástico. Assim também são as rosas, crescidas em estufas, nada sabem sobre a natureza, tal como ela é, ora bruta, ora brincante protegidas de sol e chuva, todas iguais, bonitas e vazias.

    As flores do capim, ao contrário, são selvagens. Inúteis todos os esforços para domesticá-las. Basta tocá-las com mais força para que suas flores se desfaçam. Elas acham que é preferível morrer a ser colocadas em jarra. As flores do capim só são belas em liberdade, tocadas pela brisa, pelo sol, pelo olhar.

## COISAS QUE DÃO ALEGRIA

Eu não tenho a felicidade do meu amigo Alberto Caeiro, que dizia que só vê direito quem não pensa. Disse mesmo que pensamento é doença dos olhos. Entendo e concordo. Bom seria olhar para os campos e os meus pensamentos serem só os campos. Nos campos há árvores, brisa, céu azul, nuvens, riachos, insetos, pássaros. Você, por acaso, já viu uma ansiedade andando pelos campos? Ou uma raiva navegando ao lado das nuvens? Ou um medo piando como os pássaros? Não. Essas coisas não existem nos campos. Elas só existem na cabeça. Assim, se os meus pensamentos fossem iguais ao que vejo, ouço, cheiro e sinto ao andar pelos campos, o meu mundo interior seria igual ao mundo exterior, e a minha mente teria a simplicidade e a calma da natureza. Eu teria a mesma felicidade que têm os deuses porque, como o meu companheiro me segredou num momento de excitação, nos deuses o interior é igual ao exterior. Eles não possuem inconsciente. Por isso são felizes.

## A GRANDE ARTE DE SER FELIZ

Essa felicidade eu não tenho. Vejo e penso. Lembrei-me do conselho de Jesus, de que deveríamos olhar para as flores do campo.

Olhei e elas começaram a falar. O que disseram? Disseram o que dizem sempre mesmo quando eu não estou lá. "Os seus olhos estão contemplando o que tem acontecido por milhares de anos. Por milhares de anos assim temos florescido. Por outros milhares de anos assim continuaremos a florescer. Muitos outros rebanhos perturbados como o seu já passaram por aqui. Mas deles não temos mais memória. Passaram e nunca mais voltaram. Desapareceram no Rio do Tempo. O Rio do Tempo faz todas as coisas desaparecerem. Por isso nada é importante. Nossas ansiedades estão destinadas ao Rio. Também elas desaparecerão em suas águas. O seu sofrimento se deve a isso, que você se sente importante demais, que você não presta atenção na voz do Rio. Quando nos sentimos importantes,

## COISAS QUE DÃO ALEGRIA

nós ficamos grandes demais. E junto com o tamanho da nossa importância cresce também o tamanho da nossa dor. O Rio nos torna pequenos e humildes. Quando isso acontece, a nossa dor fica menor. Se você ficar pequeno e humilde como nós, perceberá que somos parte de uma grande sinfonia. Cada capim, cada regato, cada nuvem, cada coruja, cada pessoa é parte de uma Harmonia Universal. Quem disse isso foi Jesus. Ele disse que, para nos livrarmos da ansiedade, precisamos ficar humildes como os pássaros e as flores."

Aí o meu amigo Alberto Caeiro tomou a palavra e disse: "Quando vier a primavera, se eu já estiver morto, as flores florirão da mesma maneira e as árvores não serão menos verdes que na primavera passada. Sinto uma alegria enorme ao pensar que a minha morte não tem importância nenhuma".

Eu fiquei assustado com essas palavras, mas ele me tranquilizou. "Se você se julgar muito importante, então tudo depende de você. Mas se você se sentir humilde, então tudo dependerá de algo maior que você. Você estará, finalmente, nos braços de um Pai ou no colo de uma Mãe. E quem está nos braços do Pai ou no colo da Mãe pode dormir em paz...".

Aí as flores do capim retomaram a palavra.

"O *inverno* vem. Com ele, o frio e a seca. Parecerá que eu morri. Mas minhas sementes já foram espalhadas. A *primavera* vai voltar e, com ela, a alegria das crianças e do brinquedo. Está lá nas Sagradas Escrituras: 'Lança o teu pão sobre as águas porque depois de muitos dias o encontrarás'. Coisa de doido. Pão lançado sobre as águas some, não volta jamais. Mas é assim que acontece no Rio do Tempo.

Ele é circular. O que foi perdido retorna. O que vem vindo é o que já foi.

Olhei em volta e vi minhas ovelhas mansamente deitadas sob uma árvore...".

# Sem contabilidade

Para escrever esta crônica, eu preciso de dois fios que deixei soltos. Porque eu escrevo como os tecelões que tecem seus tapetes trançando fios e linha. Também eu tranço fios. Só que de palavras.

O primeiro fio saiu do corpo de uma aranha de nome Alberto Caeiro. (Aranha, sim. Tecemos teias de palavras como casas de morar sobre o abismo.) Disse ele: "O essencial é saber ver. Mas isso exige um estudo profundo, uma aprendizagem de desaprender. Procuro despir-me do que aprendi, procuro esquecer-me do modo de lembrar que me ensinaram, e raspar a tinta com que me pintaram os sentidos...". Volta-me à memória o meu amigo raspando a tinta das paredes da casa centenária que comprara, tantas tinham sido as demãos, cada morador a pintara de uma cor nova sobre a antiga. Mas ele a amou como uma namorada. Não queria pôr vestido novo sobre vestido velho. Queria vê-la nua. Foi necessário um longo strip-tease, raspagens sucessivas, até que ela, nua, mostrasse seu corpo original: pinho de riga marfim com sinuosas listras marrons.

Nós. Casas. Vão-nos pintando pela vida afora até que memória não mais existe do nosso corpo original. O rosto? Perdido. Máscara de palavras. Quem somos? Não sabemos. Para saber é preciso esquecer, desaprender.

Segunda aranha, segundo fio, Bernardo Soares: nós só vemos aquilo que somos. Ingênuos, pensamos que os olhos são puros, dignos de confiança, que eles realmente veem as coisas tais como elas são. Puro engano. Os olhos são pintores: eles pintam o mundo de fora com as cores que moram dentro deles. Olho luminoso vê mundo colorido; olho trevoso vê mundo escuro. Nem

## COISAS QUE DÃO ALEGRIA

Deus escapou. Mistério tão grande que ninguém jamais viu, e até se interditou aos homens fazer sobre ele qualquer exercício de pintura, segundo mandamento, "não farás para ti imagem", tendo sido proibido até, com pena de morte, que o seu próprio nome fosse pronunciado. Mas os homens desobedeceram. Desandaram a pintar o grande mistério como quem pinta casa. E a cada nova demão de tinta, mais o mistério se parecia com as caras daqueles que o pintavam. Até que o mistério desapareceu, sumiu, foi esquecido, enterrado sob as montanhas de palavras que os homens empilharam sobre o seu vazio. Cada um pintou Deus do seu jeito.

Disse Angelus Silesius: "O olho através do qual Deus me vê é o mesmo olho através do qual eu vejo Deus". E assim Deus virou vingador que administra um inferno, inimigo da vida que ordena a morte, eunuco que ordena a abstinência, juiz que condena, carrasco que mata, banqueiro que executa débitos, inquisidor que acende fogueiras, guerreiro que mata os inimigos, igualzinho aos pintores que o pintaram.

E aqui estamos nós diante desse mural milenar gigantesco onde foram pintados rostos que os religiosos dizem ser rostos de Deus. Cruz-credo! Exorcizo. Deus não pode ser assim tão feio. Deus tem de ser bonito. Feio é o cramulhão, o cão, o coisa-ruim, o demo. Retratos de quem pintou, isso sim. Menos que caricatura. Caricatura tem parecença. Máscaras. Ídolos. Para se voltar a Deus é preciso esquecer, esquecer muito, desaprender o aprendido, raspar a tinta...

Os que não perderam a memória do mistério se horrorizavam diante dessa ousadia humana. Denunciaram. Houve um que gritou que Deus estava morto. Claro. Ele não conseguia encontrá-lo naquele quarto de horrores. Gritou que nós éramos os assassinos de Deus. Foi acusado de ateu. Mas o que ele queria, de verdade, era quebrar todas aquelas máscaras para poder de novo contemplar o mistério infinito.

Outro que fez isso foi Jesus. "Ouvistes o que foi dito aos antigos; eu porém vos digo...". O deus pintado nas paredes do templo não combinava com o deus que Jesus via. O deus sobre o qual ele falava era horrível às pessoas boas e defensoras dos bons costumes. Dizia que as meretrizes entrariam no Reino, à frente dos religiosos. Que os beatos eram sepulcros caiados: por fora brancura, por dentro fedor. Que o amor valia mais do que a lei. Que as crianças são mais divinas que os adultos. Que Deus não precisa de lugares sagrados — cada ser humano é um altar, onde quer que esteja.

E ele fazia isso de forma mansa. Contava estórias. Uma delas, os pintores de parede lhe deram o nome de "parábola do filho pródigo". É sobre um pai e dois filhos. Um deles, o mais velho, todo certo, de acordo com o figurino, cumpridor de todos os deveres, trabalhador.

O outro, mais novo, malandro, gastador irresponsável. Pegou a sua parte da herança adiantado e se mandou pelo mundo, caindo na farra e gastando tudo. Acabou o dinheiro, veio a fome, foi tomar conta de porcos. Aí se lembrou da casa paterna e pensou que lá os trabalhadores passavam melhor do que ele. Imaginou que o seu pai bem que poderia aceitá-lo como trabalhador, já que não merecia mais ser tido como filho. Voltou. O pai o viu de longe. Saiu correndo ao seu encontro, abraçou-o e ordenou uma grande festa com música e churrasco. Para os pintores de parede, a estória poderia ter terminado aqui. Boa estória para exortar os pecadores — e arrepender. Deus perdoa sempre. Mas não é nada disso. Tem a parte do irmão mais velho. Voltou do trabalho, ouviu a música, sentiu o cheiro de churrasco, soube do que acontecia, ficou furioso com o pai, ofendido, e com razão. Seu pai não fazia distinção entre credores e devedores. Fosse o pai como um confessor e o filho gastador teria, pelo menos, de cumprir uma penitência. A parábola termina num diálogo suspenso entre o pai e o filho justo. Mas o suspense se resolve se entendermos as conversas havidas entre eles. Disse o filho mais moço ao pai: "Pai, peguei o dinheiro adiantado e gastei tudo. Eu sou devedor. Tu és credor".

Responde-lhe o pai: "Meu filho, eu não somo débitos". Disse o filho mais velho ao pai: "Pai, trabalhei duro, não recebi meus salários, não recebi minhas férias e jamais me deste um cabrito para me alegrar com os meus amigos. Eu sou credor, tu és devedor". Responde-lhe o seu pai: "Meu filho, eu não somo créditos". Os dois filhos pensavam da mesma maneira, eram iguais a nós: somavam débitos e créditos. O pai era diferente. Jesus pinta um rosto de Deus que a sabedoria humana não pode entender. Ele não faz contabilidade. Não soma nem virtudes nem pecados. Assim é o amor. Não tem "porquês". Sem-razões. Ama porque ama. Não faz contabilidade nem do mal nem do bem. Com um Deus assim, o universo fica mais manso. E os medos se vão.

    Nome certo para a parábola: "Um pai que não sabe somar". Ou: "Um pai que não tem memória...".

# Sobre urubus e beija-flores

Eu estava terminando a leitura de um artigo científico. De vez em quando é bom ler ciência. A gente fica mais sabido. Tudo explicadinho. No final das contas, tudo se deve a esse infinitamente pequeno disquete que existe dentro das células do corpo chamado DNA. Nele está gravado o nosso destino. Antes de existir, eu já estava "programado" inteiro: a cor dos meus olhos, as linhas do meu rosto, a minha altura, os cabelos brancos precoces, o meu adeus que nada consegue evitar, o sexo. Dizem alguns que lá está até um relógio que marca quantos anos eu vou viver. E é implacável: o que a natureza põe, não há homem que disponha.

Programa mais complicado que o DNA não existe. Tudo tem de acontecer direitinho, na ordem certa. E quase sempre acontece. Quase sempre... Vez por outra, uma coisinha não acontece segundo o programado. E o resultado é uma coisa diferente. Assim aparecem os daltônicos, que não veem as cores do jeito como a maioria vê. Ou o canhoto, que tem de tocar violão ao contrário. De vez em quando, uma pessoa neurodivergente. E quem não me garante que Mozart não foi também um equívoco do DNA? Pelo que sei, a receita não se repetiu até hoje...

O artigo prosseguia para mostrar que é assim que, vez por outra, aparecem pessoas com uma sensibilidade sexual diferente. Tudo aconteceu lá no DNA: um relezinho que funcionou de maneira não programada. Primeiro, caiu o relê que determina o sexo. Depois, o relê que determina os caracteres secundários, que fazem a "imagem" do homem e da mulher. Por fim, o relê que determina o objeto que vai disparar as reações químicas e hidráulicas necessárias para o ato sexual. Esse objeto é uma imagem. Nos heterossexuais, é a imagem do sexo oposto; nos homossexuais, a do mesmo sexo.

E saiba: homossexualidade nada tem a ver com educação, culpa, pois culpa só pode existir quando existe uma escolha. Mas ninguém escolheu. Foi o DNA que fez. E nem pode ser pecado. Pois pecado só existe onde existe culpa. E nem pode ser curado, pois o que a natureza fez não pode ser desfeito.

E foi nesse momento — eu estava meditando sobre essas coisas que fogem à compreensão dos homens, como a origem do DNA, o processo pelo qual ele foi estabelecido, se por acidente, se por tentativa e erro, se por obra de algum programador invisível — que uma coisa estranha aconteceu: um barulho como eu nunca ouvira, no meu jardim. Tirei os olhos do artigo, olhei através do vidro da janela e o que vi — inacreditável — um urubu, sim, um urubu, batendo furiosamente as asas como se fosse um beija-flor, diante de uma flor de alamanda, sugando o melzinho. Achei que estava tendo alucinação, e, para meu espanto, o urubu pousou no galho de uma árvore de sândalo e começou a explicar o que acontecia nas fábulas antigas:

"Sofro muito. Nasci diferente. Urubu, todo mundo sabe, gosta de carniça. Basta que se anuncie a carcaça de algum cavalo morto, os olhos dos urubus ficam brilhando, a saliva escorre pelos cantos dos bicos, a língua fica de fora — e lá vão eles churrasquear. Urubus acham carniça coisa fina, manjar divino! Eles não a trocariam por uma flor de alamanda por nada neste mundo!

"Mas eu nasci diferente. Meus pais, coitados, morreram de vergonha quando ficaram sabendo que eu, às escondidas, sugava o mel das flores. É compreensível. O sonho de todo pai é ter um filho normal, isto é, igual a todos. Urubu normal gosta de carniça. Eu não gostava. Era anormal. Fiquei sendo objeto de zombaria. Na escola, logo descobriram minhas preferências alimentares. É impossível esconder. Se todo mundo está comendo carniça e você não come, que explicação você pode dar?

"Aí meus pais começaram a sofrer, pensando que eu era assim por causa de alguma coisa errada que tinham feito na minha educação. Me mandaram para o padre. Severo, ele abriu um livro sagrado e disse que Deus, o Grande Urubu, estabelecera que carniça é o manjar divino. Urubu, por natureza e por vontade divina, tem de comer carniça. Chupar mel é contra a natureza. Urubu que chupa mel de flor está em pecado mortal. Terminou dizendo que eu iria para o inferno se não mudasse meus hábitos alimentares. E me deu, como penitência, participar de cinco churrascos.

"Saí de lá me sentindo o mais miserável dos pecadores. Mas o medo não foi capaz de mudar o meu amor pelas flores. Não cumpri a penitência. Meus pais me mandaram, então, para um psicanalista que cobrava R$ 120,00 por sessão. Todos os sacrifícios são válidos para fazer o filho ficar normal.

## A GRANDE ARTE DE SER FELIZ

A análise durou vários anos. Ao final, fui informado de que eu gostava de mel porque odiava meu pai, a quem eu queria matar, para ficar sozinho com a minha mãe. Aí, além de pecador, passei a sofrer a maldição de Édipo. Continuei a gostar do mel das flores. Por isso estou aqui, no seu jardim".

Houve um momento de silêncio e eu vi o que nunca havia visto: um urubu chorando. Notei que suas lágrimas não eram diferentes das minhas. Aí ele continuou:

"Gosto das flores. Não quero gostar de carniça. Não quero ficar igual aos outros. Só tenho um desejo: gostaria de não ter vergonha, gostaria de que não zombassem de mim, chamando-me de 'beija-flor'... eu não sou beija-flor. Sou um urubu. Eu gostaria de ter amigos...

"O que me dói não é a minha preferência alimentar, pois não fui eu quem me fiz assim. O que me dói é a minha solidão. Gosto de flores por culpa do DNA. Mas a minha solidão é por culpa dos outros urubus, que poderiam ser meus amigos". Ditas essas palavras, ele se despediu e voou para uma alameda do jardim vizinho.

E eu fiquei a pensar que o mundo seria mais feliz se todos pudessem se alimentar do que gostam, sem ter de se esconder ou se explicar. Afinal, ninguém é culpado por aquilo que a natureza fez ou deixou de fazer.

# O REI, O GURU E O BURRO

Viveu, há muitos e muitos anos, num distante país, um homem agraciado pelos deuses com dons extraordinários. Ele tinha o poder de, pelo simples uso da palavra, operar transformações mágicas nas pessoas que o procuravam: aqueles que entravam em sua casa de cabeça baixa e tristes saíam com a cabeça erguida e sorridentes. A ele vinham pessoas de todos os lugares, trazendo os seus sofrimentos na esperança de ouvir, da boca do guru, conselhos sábios e práticos que lhes indicassem os rumos a seguir e as coisas a fazer a fim de livrar-se dos seus sofrimentos. Desejo mais justo não existe, e é precisamente isso o que todos nós queremos. Queremos ficar curados, queremos arrancar o espinho da carne, queremos parar de sofrer. É isso

## COISAS QUE DÃO ALEGRIA

que esperam todos aqueles que fazem peregrinações aos lugares sagrados onde virgens e santos aparecem de vez em quando. Pena é que apareçam tão raramente, e em lugares tão distantes. Melhor seria que aparecessem no coração das pessoas, lugar do amor. Bastaria, então, um simples gemido e logo sairiam de sua invisibilidade porque, sendo santos, eles estão sempre em todos os lugares, só que invisíveis aos nossos olhos, mas sensíveis ao coração. Pois é, como eu dizia, o que desejam todos os romeiros que buscam os lugares onde virgens e santos aparecem é o milagre de se verem curados do câncer, da cegueira, de deficiência, da impotência, da feiura, da solidão, da pobreza.

Não existe relato de que ele jamais tenha dado a nenhuma dessas pessoas sofredoras conselhos sobre o que fazer para se livrarem dos seus sofrimentos. Nem consta que, jamais, cegos, paralíticos ou doentes tenham sido curados dos seus males. E, no entanto, todos saíam diferentes.

A GRANDE ARTE DE SER FELIZ

O guru os ouvia em silêncio profundo. A sua atenção desatenta tudo anotava. Não estranhem que eu fale sobre atenção meio distraído para ver a verdade. Porque ela, a verdade, diferentemente dos santos, aparece sempre no lugar onde estamos, mas não no lugar onde a atenção está concentrada. Ela é sempre vista pelos cantos dos olhos, com olhar distraído, nas sombras, nos silêncios, nas indecisões gaguejantes. Depois de ouvir, ele falava. Aqueles que tiveram a felicidade de presenciar esse evento relatam que o seu rosto se iluminava e que ele não falava nada diferente daquilo que lhe tinha sido dito. Mas as coisas que lhe haviam sido ditas como ruído, barulho, dissonância, saíam de sua boca transformadas em música. Imagine que um principiante de piano se ponha a tocar um noturno de Chopin — mas lhe falta técnica e sensibilidade, e ele esbarra nas notas, tropeça, vacila, quem está ouvindo sofre, não aguenta mais, quer que aquele sofrimento, espinho nos ouvidos, termine. Mas se é Rubinstein que toca as mesmas notas, no mesmo piano... Ouvir um noturno de Chopin tocado por Rubinstein é uma experiência de sofrimento feliz. Sofrimento, porque todos os noturnos são tristes. Feliz, porque todos os noturnos são belos.

Era isso que fazia o guru. Ele era intérprete. Não no sentido comum que os psicanalistas dão à palavra interpretação, que a entendem como "dizer de forma clara o que o sofredor disse de forma obscura": "Você me está dizendo que..." — seguido pela explicação de coisa alguma. É tocar de forma bela o que o outro tocou de forma feia: a mesma coisa, a mesma partitura, o mesmo instrumento. Só que a "peça" aparece transfigurada. O feio fica belo.

Era isso que o guru fazia. Os rostos transformados das pessoas que saíam de sua casa eram rostos de pessoas que, pela primeira vez na vida, tinham contemplado a beleza que morava no seu sofrimento. O guru era uma fonte de Narciso onde a beleza das pessoas, escondida sob os acidentes da vida, aparecia de forma luminosa. E elas saíam transformadas. Não porque tivessem sido curadas do seu sofrimento. Mas porque o seu sofrimento se transformara em beleza. Todas as pessoas que se veem belas ficam melhores.

Correu então a fama de que o guru tinha o poder de transformar fezes em ouro. No sentido metafórico, é claro. Acontece que o rei daquele país era meio burro, faltava-lhe o dom da poesia, não fora aluno de Neruda, entendia tudo de forma literal, concluiu que o guru transformava cocô em ouro. E logo imaginou uma forma de locupletar os cofres do palácio sem provocar revoluções. Impostos, como é sabido, sempre provocam a raiva dos cidadãos. Em vez de cobrar impostos em dinheiro, ele cobraria impostos em merda. Eu ia escrever "fezes", por achar que merda é uma palavra literariamente grosseira. Mas eu aprendi das falas do presidente Nixon, no incidente Watergate, que

## COISAS QUE DÃO ALEGRIA

é merda mesmo que reis e presidentes falam. Pagar o imposto de renda em substância fecal seria uma felicidade para todo o povo. Seria o mesmo que mandar o governo à merda. Mandou então seus soldados buscarem e trazerem o guru, que veio acompanhado de dois discípulos. "Ou você me ensina as fórmulas mágicas para transformar merda em ouro, ou mando cortar a sua cabeça!". Acharam que o mestre estava perdido. Mas, para o meu espanto, o guru sorriu um sorriso discretamente safado ao se dirigir ao rei: "Suas ordens são o meu prazer, Majestade. Estou pronto para revelar as minhas fórmulas mágicas". Ato contínuo, passou a descrever um longo processo (os escribas tudo anotavam meticulosamente) que se iniciava na colheita de fezes em noites de lua cheia e terminava com palavras mágicas sobre as fezes curtidas, numa infusão de urina de mulheres grávidas, em tonéis de carvalho, pelo espaço de sete semanas.

"Obedecido esse processo, as fezes magicamente se transformarão em ouro", afirmou o guru. O rei esfregou as mãos de felicidade. Estava rico, para todo o sempre. "Só há uma coisa que deve ser evitada, a qualquer preço, pois se ela acontecer, todo o processo mágico será abortado. O senhor não poderá, durante o ritual, sob hipótese alguma, pensar num burro. A imagem do burro põe tudo a perder..."

Relata-se que o rei passou o resto de sua vida coletando merda em noite de lua cheia e tentando não pensar num burro enquanto recitava as fórmulas mágicas. Mas, quanto mais tentava, mais pensava. E a mágica transformação não acontecia como o guru havia dito. Quanto ao guru, conta-se que até hoje ele não conseguiu parar de rir.

# Coisas do
# amor

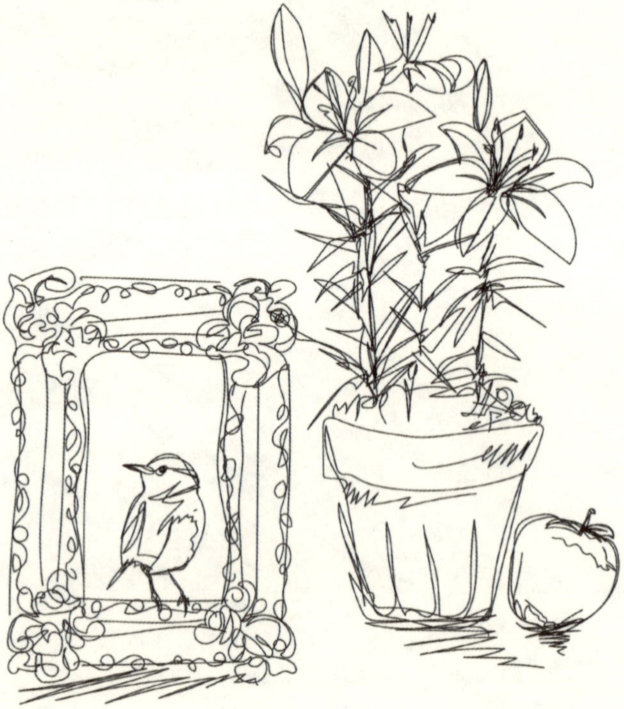

# A DIFÍCIL ARTE DE SER FELIZ

Você me pede que eu fale sobre a difícil arte de ser feliz. Digo primeiro que não é possível ser feliz. Felicidade é coisa muito grande. O máximo que os deuses nos concedem são momentos de alegria que, segundo Guimarães Rosa, acontecem em "raros momentos de distração".

Às vezes, a gente fica infeliz por causa de coisas tristes: perde-se o emprego, uma pessoa querida morre... Quando coisas assim acontecem, o certo é ficar triste. Quem continuar alegre em meio a situações de dor é doente. Alegria nem sempre é marca de saúde mental. Há uma alegria que é marca de loucura.

Mas às vezes a nossa infelicidade se deve à nossa estupidez e cegueira. Cegueira: isso mesmo.

## A GRANDE ARTE DE SER FELIZ

Olho bom que não vê. Jesus diz que os olhos são a lâmpada do corpo. Quando a lâmpada espalha luz, o mundo fica colorido. Quando a lâmpada espalha escuridão, o mundo fica tenebroso.

Você diz que é infeliz porque tem medo do futuro. Eu também tenho. Adélia Prado tem um verso em que diz que o Paraíso vai ser igualzinho a esta vida, tudo do mesmo jeito, com uma única diferença: a gente não vai mais ter medo. Imagine que o presente é uma maçã madura, vermelha, perfumada, deliciosa. Você se prepara para comê-la, mas, de repente, percebe que dentro dela há um verme. O nome dele é medo. De onde ele vem? Do futuro. Estranho isso: o futuro ainda não aconteceu. Ele não existe. Como é que um medo pode nascer do que não existe? Não existe do lado de fora. Existe do lado de dentro. Dentro da imaginação o futuro existe. O verme nasce da alma. Para a alma, aquilo que é imaginado existe. Como diz Guimarães Rosa: "Tudo é real porque tudo é inventado". A alma é o lugar onde o que não existe, existe. Nossa imaginação perturbada enche o futuro de coisas terríveis que assombram o presente. Pode ser até que essas coisas terríveis venham a acontecer. Por isso eu também tenho medo. Mas o certo é viver a sua dor no momento em que ela vier, e não agora, quando ela não existe.

Jesus diz que sabedoria é viver apenas o dia presente. "Por que andais ansiosos pelo dia do amanhã? Olhai os lírios dos campos... Olhai as aves dos céus... Qual de vós, com sua ansiedade, será capaz de alterar o curso da vida?" Os lírios do campo serão cortados e morrerão. Também as aves do céu: o momento da sua morte vai chegar. Mas os lírios e as aves não vivem no futuro; vivem no presente. O fato é que aves e lírios vão morrer, mas não sabem que vão morrer. Nós vamos morrer e sabemos que vamos morrer. Em nosso futuro mora um grande medo. É desse grande medo que vem o verme...

## A GRANDE ARTE DE SER FELIZ

Estória zen que já contei: um homem caminhava por uma floresta. Anoitecia. Escuro. De repente, o rugido de um leão. O homem teve muito medo. Correu. No escuro, não viu por onde ia. Caiu num precipício. No terror da queda agarrou-se a um galho que se projetava sobre o abismo. E assim ficou pendurado entre o leão e o vazio. De repente, olhando para a parede do precipício, viu uma plantinha e, nela, uma fruta vermelha. Era um morango. Ele estendeu o seu braço, colheu o morango e o comeu. Estava delicioso... Aqui termina a estória. É preciso ter olhos novos. Olhos que vejam os morangos à beira do abismo... *Carpe diem!*

# Sobre mães e filhas(os)

PARA FALAR SOBRE A RELAÇÃO entre mães e filhas(os), sugiro que leiam algumas das terríveis estórias dos irmãos Grimm, em especial "Branca de Neve" e "Cinderela". Os contadores de estórias daqueles tempos, para não provocarem a ira das mães, que se julgavam sempre boas e justas, falavam de "madrastas". Mas as madrastas, na realidade, eram as mães. A complicação das relações entre mães e filhas e entre pais e filhos (a estória de João e o pé de feijão: o gigante, que possuía a harpa encantada e a galinha dos ovos de ouro, é o símbolo do pai cruel, que o filho acaba por matar) é muito, muito antiga.

Nas estórias antigas, as mães e os pais são sempre os vilões. E é provável que fosse assim mesmo naqueles tempos. Mas hoje as coisas são diferentes, e as estórias teriam de ser reescritas para fazer justiça à complexidade da situação.

Se a sua filha (seu filho) é adolescente, a solução é muito simples. Para se lidar com adolescentes só há duas regras — tudo dependendo apenas de você. Primeira regra: *Não faça coisa alguma. Tudo o que você fizer estará errado.* Aceitem esta dura realidade: nós, pais, somos impotentes diante dos filhos adolescentes. Não há formas de convencê-los a seguir os caminhos que julgamos os melhores. O que caracteriza a psicologia do adolescente são duas coisas: primeiro, a sua determinação de afirmar sua identidade, por oposição à mãe ou ao pai. Mais importante que fazer a coisa certa é fazer a coisa que não é aquilo que a mãe e o pai desejam. Assim, se você tem um conselho sábio a dar, não o dê. Cale-se. Porque se você o der, sua filha (seu filho) será obrigada(o) a fazer o contrário. Segundo: sua fidelidade é irrestrita à turma. O adolescente ainda não possui um centro próprio. Sua identidade se encontra na sua turma. Ele fará o que a turma faz: ouvirá as músicas que a turma ouve, usará as roupas que a turma usa, irá aos lugares aonde a turma vai, pensará os pensamentos que a turma pensa. Não há nada que se possa fazer. Não caia na tolice de tentar dialogar. Os adolescentes sabem que diálogo é artifício dos pais para convencê-los a fazer o que eles, pais, desejam. Assim, a única posição sábia é adotar a postura a que o taoísmo dá o nome de *Wu wei:* refrear o impulso de fazer (e que é fatal) é simplesmente não fazer nada.

A segunda regra, que não necessita de explicações, é: *Fique por perto para catar os cacos, se for possível.* Felizmente, na grande maioria dos casos, essa doença se cura por si mesma, como caxumba ou resfriado.

Mas há os outros casos, amargos, azedos, cortantes, das relações entre mães idosas e suas filhas adultas (seus filhos adultos). Quando estar junto e conversar já não dá prazer. Quando o estar junto significa tensão e irritação. Quando a felicidade vem quando se dão os beijinhos de praxe da despedida. As duas partes são culpadas. De um lado os filhos querem mudar os pais, seus hábitos, suas opiniões. Que os filhos se esqueçam disso. A norma é que os pais sejam irreformáveis. Mudar, nesse ponto da vida, é reconhecer que a vida foi um equívoco. E isso é muito duro. Se os filhos desejam ter boas relações com os pais, ouçam o que eles têm a dizer e entrem no jogo, numa boa. Do outro lado, os pais não aceitam o fato de que os filhos atingiram a sua independência e têm ideias próprias — e ficam tentando fazer com os filhos aquilo que os filhos tentam fazer com eles: mudar. É o caso da mãe que vai visitar a filha e desanda a administrar a casa e a dar ordens para a cozinheira...

O segredo das boas relações é não jogar tênis. Jogar só frescobol...

# "VOSSOS FILHOS SÃO PÁSSAROS..."

SEI O SEU SOFRIMENTO. É o sofrimento de ver os filhos voarem e, no seu voo, se esquecerem de nós. Desejaríamos que eles, de vez em quando, voltassem — ou que pelo menos olhassem para trás, com um olhar de carinho e gratidão. Gostaríamos que, no olhos deles, o nosso rosto aparecesse refletido... Mas não. A gente olha para os olhos deles e não se encontra. Nós encontramos mil coisas: os amigos, as festas, os passeios, o carro, as aventuras... Mas em tudo isso nós mesmos estamos ausentes. Dói. Dói muito. Você diz: *No domingo das mães, eu fui para a casa da minha mãe como faço todos os anos. É claro, não? Todo filho ou filha vai passar o domingo, "Dia das Mães", com as mães. Não é natural que isso aconteça? Comigo aconteceu o contrário. Meus filhos não foram ver a mãe deles. Deram mil desculpas... E eu já tinha conversado com eles dizendo que "eu ligo", sim, para esta data, eu quero, sim, ganhar um presente — não presente caro, um bombom, ou coisa assim — só pelo fato de eles saírem e comprarem alguma coisa para a mãe. Estou errada? O que eu sei é que eu não ganhei nada. Como é que eu posso suportar isso?*

A alma é uma galeria de quadros. Os quadros são cenas de felicidade. Gostaríamos que essas cenas acontecessem na realidade. Uma das cenas mais queridas é a cena da família, que aparecia sempre nos retratos antigos: o marido, forte e confiável, de pernas cruzadas; a esposa, ao seu lado, pousando a mão ternamente no seu ombro. Ao redor, os filhos. De repente, você descobre que sua cena está rasgada. Não há marido em que pousar a sua mão. Não há filhos ao seu redor — eles estão andando pelos seus próprios caminhos. E você se sente sozinha, miseravelmente sozinha. Dói mais porque você imagina que a cena que você ama se realiza com outras mães. Você pergunta: "Não é natural que isso aconteça?".

Não. Não é natural que isso aconteça. Faz uns meses acompanhei o que acontecia com um casal de corruíras e seus filhotes. Haviam feito um ninho no meu jardim. Os filhotes já sabiam voar. Menos um. Tentou o voo. Fracassou. Caiu no chão. Pai e mãe, o pai num galho de árvore, a mãe no ninho, piavam. Acho que eles estavam dizendo: *Vamos! Tente de novo! Você consegue!* O filhote tentou de novo. Bateu as asas. Voou até o galho onde se encontrava o pai. Do galho, voou para o ninho, onde estava a mãe. No dia seguinte fui visitar a família. Olhei cuidadosamente dentro do ninho. Estava vazio. A família tinha partido. Acho que, para o casal de corruíras, a cena mais querida era precisamente aquela: o ninho vazio. Os filhotes não mais dependiam deles. Podiam voar, voar, por conta própria... Gibran Khalil Gibran, no seu livro, *O Profeta*, tem um lindo texto sobre os filhos que se tornou clássico, diz algo mais ou menos assim: *Vossos filhos não são vossos. São flechas. Vós sois o arco que dispara as flechas.* Bonito mas errado. Nossos filhos não são flechas. Porque flechas, ainda que disparadas, vão na direção que o arco indicou. Mas os nossos filhos não vão na direção que escolhemos. O certo seria: *Vossos filhos são flechas que, uma vez disparadas, se transformam em pássaros. Voam para onde querem.*

Somos diferentes das corruíras. Ficamos no ninho e queremos que os filhos voltem. Você é ninho. Deseja que os filhos voltem, agradecidos. Mas os seus filhos estão descobrindo as delícias do voo. O livro do Eclesiastes, sagrado, diz: *Para tudo existe um tempo certo. Há tempo de abraçar; há tempo de deixar de abraçar.* Você está vivendo o tempo de abraçar. Seus filhos estão vivendo o tempo de deixar de abraçar. Essa é a razão por que o "Dia das Mães" me aterroriza: porque ele cria a obrigação de voltar. Não se engane: muitos voltam fisicamente ao ninho — pois isso é que é natural! Isso é o que se espera de todo o filho! Todo filho dá presente para a mãe no "Dia das Mães!". Mas eles estão espiritualmente muito longe... A exigência do amor por parte dos pais pode ser uma gaiola da liberdade. Pássaro que descobriu a liberdade não pensa nem no papai nem na mamãe. É preciso deixar ir para que eles queiram voltar. Voltarão, quando tiverem saudade. Acredite em mim. Não falo teoria. Falo por experiência própria... Aprenda a ser você sem mendigar gratidão dos filhos. Aprenda a voar sozinha. São belas as aves que voam sozinhas.

# AMAR SEM ESPERAR RETRIBUIÇÃO

VOCÊ ME PERGUNTA: "Como amar sem esperar retribuição?".

Não é fácil responder à sua pergunta porque o amor não é sempre o mesmo. A cada momento, ele tem uma face diferente. No momento do seu nascimento, o amor é sentimento gratuito, que nada pede em troca. "A rosa não tem porquês, ela floresce porque floresce", disse Angelus Silesius. Faço uma paráfrase: "O amor não tem porquês. Ele ama porque ama". Drummond viveu isso e o disse no seu poema "As sem-razões do amor": "Eu te amo porque te amo. / Não precisas ser amante, / e nem sempre sabes sê-lo. / Amor é dado de graça / e com amor não se paga...". Assim, há um momento do amor em que a questão de retribuição não existe.

## COISAS DO AMOR

Não me agrada a palavra que você usou, *retribuição*. Porque ela sugere um pagamento que se faz por um serviço prestado. Dou atos de amor, espero que eles sejam pagos por atos de amor equivalentes. Acho que essa contabilidade não combina com o sentimento amoroso. O que se espera não é a contabilidade dos gestos amorosos. O que se espera é a correspondência dos sentimentos amorosos. Preciso sentir, nos seus olhos e na sua voz, que você me ama. Se sinto que você me ama, não é preciso que você retribua nenhum dos meus gestos.

Aqui fico sem saber o que dizer — porque não sei o que está acontecendo entre você e a pessoa que você ama. Uma coisa que acontece com frequência é o seguinte: um dos parceiros, inundado pelo sentimento amoroso, transforma-o numa cachoeira de gestos amorosos que inunda o outro, com ameaça de afogamento. Uma vez, num ônibus, vi isso acontecendo de maneira tragicômica: a moça se debruçava sobre o moço e cobria-o de beijos apaixonados, sem que ele tivesse nem tempo de respirar nem condições para tomar a iniciativa. O pobrezinho se encolhia, não tendo para onde fugir, comprimido entre o encosto do banco e a parede do ônibus. Pensei: *Antes do fim do dia esse amor terá terminado...* Há uma exuberância que inibe o retorno. A pessoa não retorna por medo de se afogar...

É preciso distinguir o "sentimento amoroso" da "relação amorosa". "Sentimento amoroso" é aquilo que sugeri acima, algo que existe dentro da gente, independentemente do que o outro faça. Posso estar perdidamente apaixonado por uma pessoa que não me ama. A "relação amorosa", entretanto, não é algo que existe "em mim". É algo que existe "entre" duas pessoas que se amam. É uma "relação". E toda relação exige "reciprocidade".

Uma coisa é jogar peteca sozinho. A gente bate a peteca para o alto, ela sobe, dá uma cambalhota, desce, e quando ela acaba de descer a gente bate de novo... É muito divertido. Mas é um jogo solitário. O prazer está no próprio jogo, puro sentimento. Uma outra coisa é jogar peteca com um parceiro. Agora o que é divertido não é o exercício solitário jogador-peteca (amante-amor). O que é divertido é a relação que se estabelece. Mas essa relação exige que o outro me devolva a peteca.

Você está me dizendo que você joga a peteca, mas o seu parceiro não a devolve. A peteca cai no chão. Acho que é isso que você quer dizer ao falar de "retribuição". Você está jogando sozinha o jogo do amor. Sua pergunta poderia ser traduzida assim: *Como jogar o jogo da peteca sem esperar que o meu parceiro a devolva a mim?*

Minha resposta é simples e direta: em tais condições não existe jogo algum. E a prova de que não existe jogo algum está no fato de que você me mandou essa pergunta.

São três as alternativas:

1. Você para de jogar peteca. Joga a peteca fora. Aprende a jogar outro jogo — o jogo do trabalho, por exemplo.

2. Você se conforma em jogar peteca sozinha, isto é, consola-se com o "sentimento amoroso" infeliz.
3. Você para o jogo, pega a peteca e vai procurar um outro parceiro que tenha prazer em jogar peteca com você.

A escolha quem faz é você.

# Sobre a infidelidade

Você pede minha opinião sobre a infidelidade. Imagino que espera uma avaliação moral da infidelidade, se é pecado ou não, se há situações em que ela é perdoável... Mas eu não vou fazer uma abordagem moral da infidelidade. Vou usar meu olho de psicanalista. Não vou julgar a infidelidade; vou tentar compreendê-la (o que não quer dizer "justificar").

Infidelidade é uma palavra feia, quase uma acusação. O infiel é uma pessoa que rompeu um pacto de fidelidade. As coisas não são bem assim. Porque a infidelidade tem dois lados, como uma moeda. Nunca existe infidelidade, simplesmente. A infidelidade a algo (que pode ser uma pessoa, um princípio, uma crença, um partido) tem sempre o outro lado, fidelidade a uma outra. A gente é infiel a "A" porque é fiel a "B". Os judeus do tempo de Jesus tinham por obrigação religiosa ser fiéis às leis que regulamentavam a guarda do sábado. Nesse dia era proibido fazer qualquer coisa. Pois Jesus foi infiel a essa lei. Fez algo. Curou um homem. Os fariseus o acusaram de infidelidade. Pecou. Jesus respondeu: "O homem não foi feito para o sábado; foi o sábado que foi feito para o homem". Traduzindo: se sou infiel às leis religiosas sobre a guarda do sábado é porque sou fiel a uma coisa infinitamente mais preciosa: sou fiel aos seres humanos; não quero que eles sofram.

Mas a sua pergunta se refere a um tipo específico de infidelidade: a infidelidade amorosa. Acontece que há muitos tipos de infidelidade amorosa.

1. O primeiro tipo é a infidelidade daquele (ou daquela) que, na gíria, recebe o nome de "galinha" e na literatura recebe o nome de "Dom

## COISAS DO AMOR

Juan" (infelizmente não existe um correspondente feminino, "Dona Joana"...). "Galinha" é uma pessoa que não se fixa com ninguém. Está sempre à procura. Os meninos, antigamente, tinham o esporte de caçar passarinhos com estilingue. Não caçavam para comer. Caçavam pelo prazer de caçar. Seu orgulho era exibir, ao fim do dia, uma fileira de pássaros mortos que iam ser jogados fora. Por que eles faziam isso? Não era por amor aos pássaros. Era por amor à sua própria imagem de caçador. O "galinha" é essencialmente infiel. Não é infiel por amor. Não se fixa em ninguém. Nunca está feliz. Porque, ao se fixar em alguém, perderá sua identidade de caçador. O(a) "galinha" é infiel a todos(as) porque só é fiel à sua própria imagem de caçador, que é o único objeto da sua fidelidade. Está condenado à infidelidade e à solidão.
2. Há a infidelidade acidental. De repente, acidentalmente, encontra-se uma pessoa num lugar qualquer,

igreja, rua, ônibus, jardim, sala de aula, metrô. Há um súbito sentimento de encantamento. Tudo o mais é esquecido, até a outra pessoa — ainda que por umas poucas horas. É uma experiência tão forte e bonita que a parte "infiel" não julga que isso seja infidelidade. Foi apenas um "parêntese", uma bolha encantada que logo estourará e não mais será lembrada. E depois do acontecido ele retorna da infidelidade acidental para a sua fidelidade permanente. Essa pessoa jamais vai pensar em quebrar a relação estável por uma relação efêmera. Alguns (algumas) sofrem ao contemplar o rosto da pessoa amada, que fora momentaneamente esquecida. Sente-se desleal. Mas, se a experiência se repetir, acaba se acostumando.
3. Imagine agora que a relação já estabelecida se deteriorou. Observe os casais nos restaurantes. Pela maneira como eles conversam durante a refeição você pode concluir sobre a relação. Se

conversam e riem, é porque o amor está vivo. Se comem olhando para o prato e em silêncio, é porque o amor está estragado. Aqui abrem-se duas possibilidades. Primeira: uma das partes, ou as duas, encontram um novo amor e se entregam a ele. Nesse caso, são infiéis a uma relação formal apodrecida, e fiéis a uma nova relação amorosa. Aforismo de Nietzsche: "Me acusam de haver quebrado o meu casamento. Poucos se dão conta de que primeiro o casamento me quebrou". Segunda: os dois vão pelo resto da vida olhando para o prato enquanto comem, sem rir nem conversar. E assim morrem, fiéis ao prato, e infiéis à vida e à possibilidade do amor. No seu velório as pessoas, compungidas, repetem: "Foram fiéis a vida inteira...".

# Amor pelo terapeuta

Você me pergunta: *O que fazer com o seu amor pelo seu terapeuta?*

Amor pelo terapeuta não é pecado. Nenhum amor é pecado. Não somos donos dos sentimentos. Eles simplesmente vêm e se instalam dentro da gente. Para eles não há razões. O amor acontece de forma inesperada, nas situações e lugares mais loucos. O Drummond dizia que ele "é dado de graça, e semeado ao vento, na cachoeira, no eclipse...". Pode surgir num vagão de metrô, num elevador, numa caminhada. E por mais que haja proibições, o fato é que ele vem a despeito delas. Você poderia ter se apaixonado por um padre, um rabino, um puritano pastor evangélico! Já imaginou? Apaixonar-se pelo marido de sua melhor amiga? Note que todas as grandes estórias de amor acontecem sempre em meio à proibição. E é por isso que se tornaram estórias trágicas. A situação terapêutica, por mais que o terapeuta se esforce, desinfetando o ambiente de todos os sentimentos (essa é a razão por que alguns terapeutas se revestem de uma couraça de frieza), não impede que o dito apareça. Aquele famoso texto chamado *Desiderata* (lista de coisas que se desejam) diz que ele, o amor, "renasce tão teimosamente quanto a tiririca". Tiririca, você sabe, é praga de jardim. Quando uma aparece o jardim está perdido. Não tem jeito de dar cabo dela. Quem conheceu o amor uma vez está perdido para sempre. Mesmo sem amor, viverá sempre na saudade dele.

Há algo que é estritamente proibido numa situação terapêutica, proibição essa que está sobre a cabeça do terapeuta: ele não pode, jamais, tirar proveito dos sentimentos de seus pacientes. Mas ele, o terapeuta, não tem meios de impedir tais sentimentos. Se, por acaso, ele vier a se apaixonar também pela paciente (ou a terapeuta se apaixonar pelo paciente), e se julgarem que querem viver esse amor, eles têm esse direito, como todo o mundo. O que não se permite é que a sala de terapia se transforme num lugar de encontros amorosos.

 Mas eu desejo adverti-la de uma coisa: o terapeuta por quem você está apaixonada não existe. Coisa semelhante acontece com os leitores que se apaixonam pelo escritor, achando que ele é do jeito como ele escreve. Já preveni meus leitores de que eu, Rubem Alves, vinte e quatro horas por dia, não sou o escritor. Quando escrevo estou numa bolha mágica. Esse Rubem Alves, numa bolha mágica, é também real, um dos moradores do meu albergue. Mas ele não sou eu, inteiramente. A situação terapêutica é perigosa porque ela cria ilusões. Por exemplo: a de que o terapeuta é, inteirinho, escuta, compreensão, fala mansa, paciência, imperturbabilidade. Por vezes, pacientes meus dizem que invejam minha tranquilidade. Não percebem as tempestades escondidas no rosto plácido. Como terapeuta, tenho de ser um fingidor. Não se trata de mentir. Trata-se de proteger o paciente de minhas próprias perturbações. Por vezes, quando a dor é demais, não é possível fingir. Quando isso acontece, o terapeuta tem de ser honesto. Tem de dizer aos pacientes: "Não estou em condições de ouvir com tranquilidade". Saiba que os terapeutas são seres profundamente perturbados. Muitos escolhem a carreira de psiquiatra, psicólogo, psicanalista, na esperança de conseguir controlar os bichos que moram dentro deles.

O terapeuta que você ama é uma bolha de sabão: lindíssima, vista de longe. Mas é efêmera, quase não tem existência. Basta soprar forte para que ela estoure. A sabedoria diz que não é prudente ter casos amorosos com bolhas de sabão.

Mas você me diz que esse amor maluco, sem correspondência, acendeu em você uma chama que você imaginava apagada. Você se sente viva de novo. E isso é muito bom. Essa chama precisa ser cuidada. Peça ao seu terapeuta que a ajude na arte de atiçar o fogo da vida. Amor impossível é igual ao fogo: se tocar, queima e pode mesmo matar. Mas, se não for tocado, se a gente apenas ficar perto, ele aquece e ilumina.

# Ame e deixe morrer...

Um leitor me enviou a seguinte notícia: "Nancy Cruzan, agora com 32 anos de idade, nada fez durante os últimos sete anos. Ela não abraçou a sua mãe, não olhou através da janela, não brincou com suas sobrinhas. Dizem os seus pais que ela não riu, não chorou e nem disse uma única palavra. Desde que sofreu um acidente de automóvel numa noite gelada, ela tem estado tão imóvel por tanto tempo que suas mãos se encurvaram e se transformaram em garras. As enfermeiras colocam guardanapos sob seus dedos para impedir que as unhas cortem os pulsos. 'Ela odiaria ser desse jeito', diz a sua mãe. 'Levou-nos muito tempo para aceitar o fato de que ela não estava melhorando'. Os pais, se quisessem, poderiam simplesmente entrar no quarto da filha e desconectar os tubos que a alimentam. Em vez de fazer isso, pediram permissão à Suprema Corte dos Estados Unidos para pôr um fim à vida da filha". O referido leitor pede a minha opinião ética sobre essa situação.

Faz parte do juramento dos médicos que eles devem sempre lutar a favor da vida, contra a morte. A vida tem de ser preservada a qualquer custo. Essa norma ética atravessou os séculos sem ser questionada: é preciso defender a vida. Chegamos, entretanto, a uma situação em que, graças aos incríveis avanços da medicina, é possível manter um corpo vivo mesmo em situações em que, se deixado aos seus próprios recursos, ele morreria. Lembro-me de um velhinho de 94 anos, cego, na cama, sem reconhecer pessoas, seu corpo submetido à humilhação dos fraldões — embora ele não mais soubesse o que era humilhação. O seu corpo desejava morrer. Na verdade, ele já havia partido havia muito tempo. Ele, que tinha sido um homem lindo, forte, inteligente... Esse homem não mais estava naquele corpo.

O seu corpo era agora uma roupa que a vida humana havia abandonado. Um dia, ele teve uma parada cardíaca. Seu sofrimento e sua humilhação haviam chegado ao fim. Mas vieram os médicos com a sua parafernália técnica e forçaram o coração morto a bater de novo... Do meu ponto de vista, os médicos foram roboticamente fiéis ao seu juramento e humanamente insensíveis à vida. Especialistas em tortura sabem que uma forma eficaz de obter confissões é não deixar que o prisioneiro durma. O prisioneiro quer dormir. Eles não deixam. Os algozes sabem que não deixar o corpo dormir quando ele quer dormir é uma forma de torturar. Há situações em que a vida deseja dormir. Impedir que ela durma é crueldade.

Você está caminhando por um bosque. A sede é grande. Precisa beber água. Você chega a uma bifurcação. Na trilha direita está escrito "Caminho fácil. Ao final, uma mina". Na trilha da esquerda está escrito: "Caminho difícil. Ao final, uma pedra". Você não precisa tomar uma decisão; o caminho a ser tornado é óbvio. Você toma o caminho da direita. Segunda situação: você chega à bifurcação e no caminho da direita está escrito: "Caminho muito difícil. Ao final, uma mina". À esquerda: "Caminho fácil. Ao final, uma pedra". A situação se complica; haverá dores no caminho. Mas, no final do caminho difícil você encontrará o que você deseja: água. Você não será tolo de escolher o caminho fácil e chegar à pedra. Terceira situação: você chega à bifurcação e vê escrito, tanto no caminho da direita quanto no da esquerda: "Caminho difícil". Mas um malvado apagou o que estava embaixo. Assim, você não sabe o que vai encontrar no final. E você não pode voltar. Você sabe que ambos os caminhos estão cheios de dor e o final é incerto e desconhecido. Você terá de decidir, sem certezas, entre uma dor e outra, fazendo uma aposta.

A vida é assim. Seria bom se as alternativas com que nos defrontamos fossem sempre entre o certo e o errado, o bom e o mau. Seria fácil viver. Mas há situações que nos colocam diante de alternativas igualmente dolorosas e de resultado incerto. O que é a vida humana? Essa é uma questão da maior importância. Seria bom se tivéssemos coragem para pensá-la nas escolas de medicina, de direito, de teologia. Se eu fosse juiz da Suprema Corte americana, meu voto seria favorável ao pedido dos pais: deixar morrer, por amor.

# Esforce-se por ser feliz...

Você não assinou a sua carta, não colocou endereço... Assim, para que você saiba que é com você que estou falando, vou transcrever algumas das coisas que você escreveu: *São 4:08 da madrugada. Não dormi. O que acontece comigo? Sinto a todo momento que sou um ser que não aceita ser o que é. Sou um poço de mentiras. Sou um poço de ilusões. Crio situações medíocres para me motivar...*

*Viver é a pior coisa que existe... Não tenho coragem de me matar, por medo de sentir dor, e então fico aqui, sendo um robô, sem motivo algum para viver...*

Acho que você não se mata não é por medo de sentir dor. É porque ainda brilha em você aquela luzinha que se chama esperança. Em algum lugar, você sabe que viver não é a pior coisa que existe. Se você me falasse sobre sofrimentos objetivos do tipo doença, perda de uma pessoa querida, seria fácil compreender a sua tristeza. Mas você não menciona nada disso. Sua infelicidade não vem de coisas que estão de fora. Vem de dentro de você mesma.

Todas as coisas que você me contou sobre o seu sofrimento nascem de uma única ferida. É essa ferida que precisa ser encontrada. Quando você a encontrar e a chamar pelo nome, então terá condições de curá-la, em vez de ficar lutando contra os seus fantasmas.

Você diz coisas aparentemente contraditórias. Por exemplo: *Não aguento mais ser quem eu sou e só amo a mim mesma.* Se você só ama a si mesma como é que você não aguenta mais ser quem é?

Não sei não, não conheço você, mas tenho suspeitas. Essa contradição, me parece, é sintoma de uma desgraça chamada inveja. A nossa infelicidade nasce da comparação. Comparo-me com uma outra pessoa. Vejo as coisas boas que ela tem ou é. Dou-me conta de que nem sou o que ela é, nem tenho o que ela tem. Aí, olhando para mim mesmo, sinto-me pequeno, empobrecido, feio. E esse olhar, envenenado pela inveja, destrói as coisas boas que sou e tenho. O olhar invejoso está sempre colocado na riqueza do outro que, por meio da comparação, se transforma na minha pobreza. Ele é rico e bonito; eu sou pobre e feio. Aí o seu amor por você se transforma num amor triste. Sobra, então, a alternativa medíocre de que você lança mão: já que não posso ser objeto de amor pela minha exuberância, ofereço-me à piedade dos outros pela minha miséria. Que pelo menos tenham pena de mim. Muita autocomiseração nasce do narcisismo.

O princípio da sabedoria é reconhecer as coisas boas que possuímos. Para o invejoso, isso é impossível. Ele gostaria sempre de ser maior do que é. O que ele é não lhe basta.

## COISAS DO AMOR

Sentido da vida? O sentido da vida é simplesmente viver. Viver por viver! As crianças sabem disso. Viver por viver é saber que a vida é curta, que o momento está cheio de possibilidades de beleza e amor, que ele nunca mais se repetirá, e que a única coisa que podemos fazer é agarrá-lo e bebê-lo como se fosse o último.

Pare de se lamuriar. Você já gastou uma parte muito grande da sua vida com lamentações. Sua queixa de que a vida não faz sentido se deve ao fato de que você fica esperando coisas grandiosas. Foi você mesma que me disse isso, confessando-se um poço de ilusões, sempre à espera de mais do que é possível. Olhando para coisas grandiosas você não percebe o morango que cresce ao alcance de sua mão, à beira do abismo.

Cuide-se. Você tem o direito de estar nesse mundo. Esforce-se por ser feliz.

# BAGUNÇA

VOCÊ ME PERGUNTA sobre o que fazer para curar-se de uma terrível doença chamada bagunça. A bagunça cria situações terríveis: livros perdidos, objetos desaparecidos, cartas não respondidas, aniversários e casamentos esquecidos, contas não pagas. Quando a bagunça só machuca a gente, o sofrimento é suportável. É só a gente que sofre as consequências. Mas quando tem a ver com compromissos atendidos, paira sempre a certeza, na cabeça de quem foi vítima, de que foi falta de atenção, grosseria. Eu poderia lhe indicar uma lista de livros com conselhos práticos do tipo "cada coisa em seu lugar, um lugar para cada coisa"; anote tudo numa agenda etc. Mas eu lhe asseguro: esses conselhos são inúteis. Acho mesmo que bagunça é doença incurável.

COISAS DO AMOR

Minha mãe fracassou como educadora. Ou eu fracassei como aprendiz. Enquanto eu morava na casa dela, ela lutou. Argumentou. Ficou brava. Inutilmente. Vez por outra eu me enchia de vergonha e de boas intenções e dizia: "Vou pôr tudo em ordem". As boas intenções duravam poucos dias. Logo eu me via de novo afogado — isso mesmo, afogado; o bagunçado vive afogado na sua própria bagunça —, esforçando-me por me manter à tona da confusão das minhas coisas.

Recebi, faz tempo, um presente de uma mulher que desconheço. Veio embrulhado em papel bonito. Abri. Era um quadrinho bordado em ponto de cruz.

Está pendurado à minha frente: "Deus abençoe esta bagunça". Ela nunca havia entrado no meu escritório — mas é claro que ela suspeitava...

Bagunça de ideias não é coisa má. O inconsciente é uma bagunça infernal, ideias e imagens dançando o tempo todo numa orgia de desordem incontrolável. É dessa bagunça que nasce a literatura. Quem lê nem imagina! Vê as ideias organizadas, bonitinhas, uma atrás da outra. Não tem a mínima ideia do caos de onde nasceram. Para meu consolo, Nietzsche dizia que o segredo da criatividade é ser rico em contradições. Os textos sagrados dizem que no princípio era o caos; foi do caos que nasceu a beleza. Com Deus, tudo bem, porque ele não se esquece de nada. Mas o problema é com a gente. Esquecemos — e com o esquecimento ferimos sem querer pessoas que amamos.

A psicanálise tem a mania de explicar todo esquecimento como ato de uma vontade inconsciente. A gente esquece porque, no fundo, "quis" esquecer. Quando o paciente se esquece da sessão de análise ou se esquece do que ia dizer, o psicanalista diz logo: "Ahá! Se você esqueceu, é porque queria esquecer!". Discordo. Nem tudo pode ser explicado psicanaliticamente. Como se sabe, Freud era um fumador inveterado de charutos. Sándor

## COISAS DO AMOR

Ferenczi, seu discípulo e colega, ficava incomodado com o hábito fedorento do mestre, e se punha a fazer interpretações psicanalíticas orais-fálicas do charuto, ao que Freud respondia: "Sándor, por vezes é um charuto, só um charuto...".

Por vezes, o esquecimento não esconde nem desatenção nem grosseria: é apenas um resultado dessa doença que se chama bagunça.

Comigo mesmo acaba de acontecer uma coisa muito ruim. A Escola de Educação Básica e Educação Profissional N. S. das Dores, de Artur Nogueira, preparou um espetáculo de ginástica e dança sobre um livro meu, o *Navegando*. Enviaram-me convite para estar presente. Eu tinha de estar presente. Coloquei o convite da escola na pilha sempre crescente de cartas que se encontra à esquerda da minha escrivaninha. Pensei: vou fazer as coisas urgentes que tenho de fazer imediatamente, e logo responderei. Afinal de contas, havia tempo bastante. Ao mesmo tempo, eu estava comprimido no preparo de falas que deveria dar em Portugal. Enquanto isso, a pilha continuava a crescer. E o convite ficou submerso. E eu me esqueci. Não respondi. Não compareci. Não pude sentir alegria. Não pude agradecer. A escola tem todo o direito de pensar que foi desatenção. Um convite como aquele não pode ser esquecido. Mas eu me esqueci; me esqueci por causa dessa doença incurável chamada bagunça. Estou, então, publicamente, pedindo perdão por um ato que não pode ser perdoado: o esquecimento de um convite de amor.

E vem você, me pedindo conselhos sobre como curar a sua bagunça... Depois que eu curar a minha lhe passarei a receita. Mas, para dizer a verdade, acho que essa doença não tem cura...

# Coisas da alma

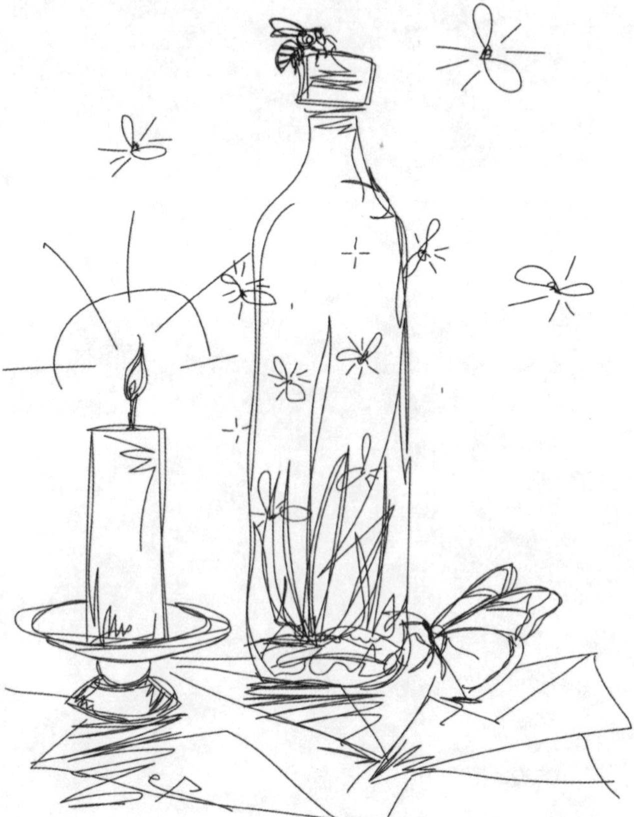

# Sobre Deus

Alguém me disse que gosta das coisas que escrevo, mas não gosta do que penso sobre Deus. Não se aflijam. Nossos pensamentos sobre Deus não fazem a menor diferença. Nós nos afligimos com aquilo que os outros pensam de nós. Pois eu lhes digo que Deus não dá a mínima. Ele é como uma fonte de água cristalina. Ao longo dos séculos, as pessoas têm sujado essa fonte com seus malcheirosos excrementos intelectuais. Disseram que ele tem uma câmara de torturas chamada inferno onde coloca, por toda a eternidade, aqueles que lhe desobedecem, e ri de felicidade, contemplando o sofrimento sem remédio dos infelizes.

Disseram que ele tem prazer em ver o sofrimento dos homens, tanto assim que os homens, com medo, fazem as mais absurdas promessas de sofrimento e autoflagelação para obter o seu favor. Disseram que ele se compraz em ouvir repetições sem fim de rezas, como se ele tivesse memória fraca e a reza precisasse ser repetida constantemente para que ele não se esqueça. Em nome de Deus, os que se julgavam possuidores das ideias certas fizeram morrer nas fogueiras milhares de pessoas.

Mas a fonte de água cristalina ignora as indignidades que os homens lhe fizeram. Continua a jorrar água cristalina, indiferente àquilo que as pessoas pensam dela. Você conhece a estória do galo que cantava para fazer o sol nascer? Pois havia um galo que julgava que o sol nascia porque ele cantava. Toda madrugada batia as asas e proclamava para todas as aves do galinheiro: "Vou cantar para fazer o sol nascer". Ato contínuo subia no poleiro, cantava e ficava esperando. Aí o sol nascia. E ele então, orgulhoso, dizia: "Eu não disse?". Aconteceu, entretanto, que num belo dia o galo dormiu demais, perdeu a hora. E quando ele acordou com as risadas das aves, o sol estava brilhando no céu. Foi então que ele aprendeu que o sol nascia de qualquer forma, quer ele cantasse, quer não cantasse. A partir desse dia, ele começou a dormir em paz, livre da terrível responsabilidade de fazer o sol nascer.

Pois é assim com Deus. Pelo menos, é assim que Jesus o descreve. Deus faz o seu sol nascer sobre maus e bons, e a sua chuva descer sobre justos e injustos. Assim não fiquem aflitos com as minhas ideias. Se eu canto, não é para fazer o sol nascer. É porque sei que o sol vai nascer, independentemente do meu canto. E nem se preocupem com as suas ideias. Nossas ideias sobre Deus não fazem a mínima diferença para ele. Fazem, sim, diferença para nós. Pessoas que têm ideias terríveis sobre Deus não conseguem dormir direito, são mais suscetíveis de ter infartos e são intolerantes. Pessoas que tem ideias mansas sobre Deus dormem melhor, o coração bate tranquilo e são tolerantes.

    Fui ver o mar. Gosto do mar quando a praia está vazia da perturbação humana. Nas tardes, de manhã bem cedo. A areia lisa, as ondas que rebentam sem parar, a espuma, o horizonte sem fim. Que grande mistério é o mar! Que cenários fantásticos estão no seu fundo, longe dos olhos! Para sempre incognoscível! Pense no mar como uma metáfora de Deus. Se tiver dificuldades, leia Cecília Meireles, "Mar absoluto". Faz tempo que, para pensar sobre Deus, eu não leio os teólogos; leio os poetas. Pense em Deus como um oceano de vida e bondade que nos cerca. Romain Rolland descrevia seu sentimento religioso como "sentimento oceânico". Mas o mar, cheio de vida, é incontrolável. Algumas pessoas têm a ilusão de que é possível engarrafar Deus. Frequentemente as religiões se proclamam fábricas de engarrafar Deus. Quem tem Deus engarrafado tem o poder.

## COISAS DA ALMA

Como na estória de Aladim e a lâmpada mágica. Nesse Deus eu não acredito. Não tenho respeito por um Deus que se deixa engarrafar. Prefiro o mistério do mar... Algumas pessoas não gostam do que penso sobre Deus porque elas deixam de acreditar que suas garrafas religiosas contenham Deus...

## Sobre o inferno

Alguém me perguntou se eu acredito na existência do inferno, o lugar onde Deus aprisiona as almas condenadas por toda a eternidade em sofrimentos sem fim. Eu não respondi. Contei uma estória para que a pessoa chegasse à própria conclusão.

Era uma vez um velhinho simpático que morava numa casa cercada de jardins. O velhinho amava o seu jardim e cuidava dele pessoalmente. Na verdade, fora ele que pessoalmente o plantara — flores de todos os tipos, árvores frutíferas das mais variadas espécies, fontes, cachoeiras, lagos cheios de peixes, patos, gansos, garças. Os pássaros amavam o jardim, faziam seus ninhos em suas árvores e comiam dos seus frutos. As borboletas e abelhas iam de flor em flor, enchendo o espaço com suas danças.

COISAS DA ALMA

Tão bom era o velhinho que o seu jardim era aberto a todos: crianças, adultos cansados. Todos podiam comer de suas frutas e nadar nos seus lagos de águas cristalinas. O jardim do velhinho era um verdadeiro paraíso, um lugar de felicidade.

    O velhinho amava todas as criaturas e havia sempre um sorriso manso no seu rosto. Prestando-se um pouco de atenção, era possível ver que havia profundas cicatrizes nas mãos e nas pernas do velhinho. Contava-se que, certa vez, vendo uma criança ser atacada por um cão feroz, o velhinho, para salvar a criança, lutou com o cão, e foi nessa luta que ele ganhou suas cicatrizes.

    Os fundos do terreno da casa do velhinho davam para um bosque misterioso que se transformava numa mata. Era diferente do jardim, porque a mata, não tocada pelas mãos do velhinho, crescera selvagem como crescem todas as matas. O velhinho achava as matas selvagens tão belas quanto os jardins. Quando o sol se punha e a noite descia, o velhinho tinha um hábito que a todos intrigava: ele se embrenhava pela mata e desaparecia, só voltando para o seu jardim quando o sol nascia. Ninguém sabia direito o que ele fazia na mata, e estranhos rumores começaram a circular. Os seres humanos têm sempre uma tendência para imaginar coisas sinistras. Começaram, então, a espalhar o boato de que o velhinho, quando a noite caía, se transformava num ser monstruoso, parecido com lobisomem, e que na floresta existia uma caverna profunda onde o velhinho mantinha, acorrentadas, pessoas de quem ele não gostava, e que o seu prazer era torturá-las com lâminas afiadas e ferros em brasa. Lá — assim corria o boato —, o velhinho babava de prazer vendo o sofrimento dos seus prisioneiros.

Outros diziam, ao contrário, que não era nada disso. Não havia nem caverna, nem prisioneiros, nem torturas. Essas coisas existiam mesmo era só na imaginação de pessoas malvadas que inventavam os boatos. O que acontecia era que o velhinho era um místico que amava as florestas e entrava no seu escuro para ficar em silêncio, em comunhão com o mistério do universo.

Você decide. Você decide em que versão acreditar. Note bem: ninguém jamais entrou na floresta escura. Tudo o que há são fantasias de homens: fantasias de homens cruéis e vingativos. Fantasias de homens movidos pelo amor.

Se você se decidir a acreditar que o velhinho tem uma câmara de torturas que lhe dá prazer, então você tem de acreditar também que ele é um monstro igual aos torturadores que brincam com as crianças durante o dia e torturam pessoas indefesas durante a noite. Sua bondade diurna não passa de uma farsa. Eu não poderia amar um velhinho assim. Você poderia? Diante de um velhinho assim, a gente sente é horror, jamais amor. Quem acredita que Deus tem uma câmara de torturas eterna não pode amá-lo. Só pode temê-lo.

Mas como Deus é amor, aquilo que é temido não pode ser Deus. Só pode ser o Diabo.

Mas se você acreditar que a tal câmara de torturas não passa de uma invenção do coração malvado dos homens, então você amará o velhinho cada vez mais.

Você entendeu: essa estória é uma parábola sobre Deus. Quem acredita no inferno está, na realidade, acreditando em coisas horrendas sobre Deus.

A questão crucial, portanto, nessa pergunta sobre a existência do inferno, é: O que é que você pensa de Deus? Imagino que o velhinho deve ter chorado amargamente quando ficou sabendo dos boatos que os homens estavam espalhando sobre ele. Acho que Deus chora também quando os religiosos, que se dizem a seu serviço, espalham esses boatos de que ele se diverte com o sofrimento dos presos na sua câmara de torturas. Se o velhinho não fosse tão bom, acho que seriam esses que ele enviaria para uma temporada de curta duração no inferno, se ele existisse...

# De novo, o inferno...

Castigo terrível enviou Deus sobre os soldados do exército dos filisteus como punição por haverem roubado aquilo que de mais sagrado havia para o povo escolhido: a área onde estavam guardadas as tábuas com os dez mandamentos. O castigo terrível foi que todos os soldados filisteus foram atacados de hemorroidas. E diz o texto que o seu sofrimento era tão grande que os seus gemidos eram ouvidos de muito longe (1 Sm 5:12). Pois, se eu fosse Deus, enviaria praga parecida contra todos os que espalham o boato de que ele tem uma câmara de torturas particular, para seu deleite eterno, chamada inferno. Não posso imaginar nada mais horrendo que se possa falar contra Deus, pois é inimaginável que um Deus de amor castigue, com sofrimentos eternos, pecados que foram cometidos no tempo. E esses maledicentes ainda justificam seus boatos dizendo que Deus faz isso por ser justo, sem se dar conta de que a justiça divina é aquilo que Deus faz para curar a sua Criação de qualquer tipo de sofrimento. É Jesus que diz: "Se vós, sendo maus, sabeis dar presentes bons aos vossos filhos, quanto mais Deus!".

Os meus argumentos não foram suficientes, e houve aqueles que me acusaram de heresia, por não acreditar no que está dito nos textos sagrados. Argumentam: "Não foi o próprio Jesus que contou a parábola do Rico e do Lázaro, o Lázaro indo para o Céu depois da morte e o Rico indo para o inferno? Se Jesus falou, há de se acreditar".

Pois eu acredito. Acredito nas parábolas como acredito nos poemas. Poemas e parábolas são metáforas que falam sobre os cenários da alma humana. Um psicanalista diria: são sonhos que lançam luz nos porões escuros do inconsciente. Lembro-me de uma mulher que me relatou que, num sonho, tinha um furúnculo dentro da cabeça, bem ao lado do ouvido. O furúnculo latejava e doía muito. Até que, repentinamente, começou a vazar pelo ouvido. E o que saía pelo ouvido — pasmem — não era pus. Saíam sementes de maracujá! Doido seria se eu interpretasse o sonho literalmente e enviasse a mulher a um neurocirurgião para extrair o dito furúnculo. Esse sonho foi uma estória por meio da qual o inconsciente dela lhe revelava, de maneira gentil e bem-humorada, um sofrimento e um prazer que ela se recusava conscientemente a compreender. É claro que não havia furúnculo algum dentro da sua cabeça. O furúnculo estava dentro da sua alma, que tratava de expelir as sementes de maracujá. (O que eram elas, as sementes de maracujá? Não dá para explicar agora.) Todo mundo sabe a estória de Davi, rei-poeta, que seduziu Betsebá, mulher de um dos seus generais, engravidando-a. Para esconder seu pecado, mandou matar Urias, marido de Betsebá. Natan, profeta, dirigiu-se ao rei e lhe contou esta parábola: "Um homem tinha nove mil ovelhas; querendo comer um churrasco, roubou e matou a única ovelha do seu vizinho pobre". Contada a parábola, o profeta perguntou ao rei: "Que castigo merece esse homem?". Davi respondeu: "Que esse homem seja punido com a morte". Ao que o profeta lhe disse: "Esse homem és tu". O rico, dono de mil ovelhas, nunca existiu. Nem existiu o pobre, dono de uma ovelha. O profeta falou por meio de metáforas. Parábolas não têm o propósito de dar informações verdadeiras do mundo de fora. O seu objetivo é revelar o mundo de dentro.

Pode-se dizer o mesmo das parábolas de Jesus. O filho pródigo, o filho modelo e o pai bondoso nunca existiram. E nunca existiu também a mulher que perdeu a moeda. Nem o bom samaritano e o pobre espancado pelos ladrões. Essas são estórias, nunca aconteceram. Nunca aconteceram porque acontecem sempre, na alma da gente. Quem acredita que elas aconteceram de fato, em algum lugar do passado, não está percebendo que elas falam sobre o que está acontecendo aqui, no presente.

Se vão acreditar nas parábolas literalmente, então preparem-se: Jesus contou uma parábola de um homem que ia se casar com dez virgens, numa mesma noite (Mt 25:1-12). Se essa parábola for interpretada da mesma forma como foi interpretada a parábola do rico e Lázaro, literalmente, então teremos de chegar à conclusão de que o Reino dos Céus é um lugar machista, onde os homens se casam com dez mulheres numa mesma noite... E, se isso é verdadeiro para o Reino dos Céus, tem de ser verdadeiro também para a terra...

A parábola do rico e Lázaro não fala sobre um lugar exterior chamado inferno. Ela fala do fogo que jamais se acaba, dentro da alma, chamado remorso. O que o rico desejava era que Lázaro molhasse sua língua no seu sofrimento. Ele desejava ser perdoado. Mas Lázaro já havia morrido. E ele, rico, estava condenado a sofrer a dor do seu remorso.

## Sobre a fé

Você me pergunta: "O que é fé?"; você cita: "...tudo que você pedir com fé, creia que receberá..."; "Faça um quadro mental imaginando e sentindo o problema resolvido..."; "...se a resposta nunca chega, a gente começa a ficar meio chateadinha..."; "Por que a fé de alguns tem resposta e a de outros não?".

É. Você me pergunta porque você está cansada de pedir, e seus pedidos não são respondidos. As pessoas religiosas dizem: "Não são respondidos porque você não tem fé. A culpa é sua. Falta a você essa coisa mágica que, quando a gente tem, faz as montanhas mudarem de lugar".

Fé, pensada dessa maneira, é um poder mágico. Magia e poder para mudar as coisas pelo poder do pensamento. Digo a você que esse é o sonho mais profundo da alma humana. Como seria bom se a gente pudesse mudar as coisas pelo poder do pensamento. A pessoa está com câncer. Ela tem fé e começa a imaginar a sua cura. Então, pelo poder que a fé dá a essa imaginação, o câncer se vai... Os negócios vão mal. Então o empresário começa a fantasiar a sua riqueza. E pelo poder que a fé dá a essa imaginação, as coisas viram e ele fica rico.

As religiões mais bem-sucedidas quando falamos de número e dinheiro são aquelas que prometem esse poder aos seus fiéis. Uma delas, aliás, diz o seguinte: "Qual a maior prova de que temos fé em Deus? É dar tudo o que temos". Os fiéis, acreditando, dão tudo. Tal igreja fica muito rica, e os seus membros, muito pobres.

Não respeito uma religião que nos roube a capacidade de pensar racionalmente. Pergunto, e peço que você responda com as evidências da razão: "Você acha que isso é verdade?";

"Você acha mesmo que é possível mudar as coisas pelo poder do pensamento?". O pensamento é, de fato, muito poderoso. O jovem quer entrar para a universidade. Racha de estudar. Passa no vestibular. Se ele, de saída, não acreditasse na sua inteligência, não estudaria e não passaria. O pensamento serviu para indicar a meta a ser atingida. Então a mãe dele comenta: "Meu filho entrou por causa das minhas orações. Foi uma graça alcançada...". Se assim fosse, então nem seria necessário que o moço estudasse. O pensamento não tem poderes mágicos. Ele serve para compreendermos melhor as possibilidades e os limites da vida. Sou calvo. Por mais que eu reze, os cabelos da minha cabeça não voltarão a nascer. Por isso eu nem rezo...

Imagine uma mãe. O seu filho, seu único filho, está morrendo. Com alegria, ela trocaria a sua vida pela dele. Ela ora, com toda a dor e toda a paixão de que um coração de mãe é capaz. Mas aí o filho morre. Foi falta de fé? Deus não a atendeu porque o amor e o sofrimento não valem nada — faltava-lhe essa coisa chamada fé? Então todos aqueles que choram e pedem que seus queridos sejam poupados da morte não têm fé... Que Deus mais esquisito esse. Confesso que ele não merece o meu respeito. Quanto a mim, vale mais a dor de um coração que suplica que essa qualidade duvidosa de acreditar no poder do pensamento.

Acho gozado que essas religiões que prometem aos seus fiéis que eles receberão "a bênção" se orarem com fé só falem sobre bênçãos pequenas: marido infiel, desemprego, úlcera. Se elas acreditam mesmo no poder da fé, por que é que elas não oram pelo fim das guerras, pelo fim dos crimes, pela salvação dos milhões que estão morrendo de fome? Gastar o poder da fé com coisas pequenas não é o cúmulo do egoísmo e do narcisismo, quando há tantas tragédias enormes acontecendo? Ou o Deus delas será pequeno demais, Deus de causas pequenas, indiferente aos grandes sofrimentos? Concluo também que o Papa não tem fé. Ele vive rezando pela paz, e a paz não chega.

Não acredito nisso. Quem sabe, um dia, eu poderei lhe dizer o que penso da fé. Por enquanto, ensino a você a oração mais sábia que conheço. Garanto que quem a faz tem fé: "Oh, Deus! Dá-me coragem para lutar para mudar as coisas que podem ser mudadas. Dá-me tranquilidade para aceitar as coisas que não podem ser mudadas. E dá-me sabedoria para distinguir entre umas e outras. Amém".

# O QUE É UMA PESSOA FELIZ?

QUANDO LI A PERGUNTA de certo leitor, pensei: "Essa é fácil". Ele já me havia enviado duas cabeludas, cujas respostas inevitavelmente fariam algumas pessoas franzir a testa em desaprovação. Esta, "o que considero uma pessoa feliz?", é fácil. Afinal de contas, sou um psicanalista; devo ter conhecimento especializado sobre o assunto. Mas bastou que eu parasse para pensar e descobri que ela é, talvez, a pergunta mais difícil que pode ser feita.

Posso responder à pergunta de maneira geral e abstrata: uma pessoa é feliz quando faz o que lhe dá prazer e quando vive uma relação de amor-amizade com alguém. Essa definição, verdadeira, nunca se realiza. A gente não está nunca fazendo só o que gosta. A vida nos obriga a fazer muitas coisas desagradáveis, a engolir sapos. Eu mesmo tenho, em meu estômago, vários sapos vivos, não digeridos, que continuam a mexer e a coaxar. Além disso, essa relação acontece em momentos ou períodos curtos. Ela é logo interrompida por uma série de fatores indesejáveis que nos tornam intolerantes, irritadiços, rabugentos, distantes. Essa transformação aparece na mudança da música da fala.

Felicidade mesmo, ser feliz como estado permanente, não existe. Acontece em raros momentos de distração — Guimarães Rosa dizia algo muito parecido com isso.

Mas eu sei de duas condições sem as quais esses raros "momentos de distração" — são eles que dão sentido a vida — não podem acontecer.

Primeiro, é preciso que a gente tenha alegria no que está fazendo. Quando a gente tem alegria no que está fazendo, faria a coisa mesmo que não ganhasse nada. O fazer dá prazer. Rubinstein, pianista maravilhoso, tinha 20 anos de idade, quando sua certidão de nascimento indicava 85.

Entrevistado, disse brincando ao seu entrevistador: "Não conte ao meu empresário. Eu seria capaz de pagar para tocar piano...". Para ele, o seu trabalho era um brinquedo. Babette cozinhava não pelo salário, cozinhava porque isso lhe dava alegria. Até gastou um prêmio de loteria para dar um banquete...

Mas há uns trabalhos que a gente faz não pela alegria que o trabalho dá, mas por causa do produto final. Uma pessoa que trabalha por causa do dinheiro que vai ganhar é o exemplo típico. Para tal pessoa, o que importa não é o que ela está fazendo, se é marcenaria, construção, vender drogas, advogar, fabricar colchões ou chicletes. Ela trocaria prazerosamente o que está fazendo por outra atividade totalmente diferente, desde que a outra lhe desse mais dinheiro. Melhor seria se ela ganhasse na loto — R$ 40.000.000,00 — para não precisar mais trabalhar pelo resto da vida. Para tais pessoas o trabalho não é brinquedo; é trabalho forçado. Elas não sabem que o preço dessa inatividade rica é o tédio.

## A GRANDE ARTE DE SER FELIZ

Estão condenadas à infelicidade. Sobre isso leia os *Manuscritos econômico-filosóficos* de Marx, de 1844.

Segundo, é preciso que a gente ame e seja amado. Amar e ser amado é isto: pensar numa pessoa ausente e sorrir. Ficar feliz sabendo que ela vai voltar. Ter alguém que escute e dê colo, sem dar conselhos. Andar de mãos dadas conversando abobrinhas. Olhar nos olhos da pessoa e sentir que ela está dizendo: "Como é bom que você existe!". Jogar frescobol com ela. Ser, simplesmente, sem pensar que há um par de olhos nos vigiando para nos cobrar algo. Conversar madrugada afora, sem pensar em sexo.

Guimarães Rosa disse mais ou menos o seguinte: "A coisa não está nem na partida nem na chegada. Está é na travessia". A felicidade não acontece no final, depois da transa, depois do casamento, depois do filho, depois da formatura, depois de construída a casa, depois da riqueza, depois da viagem. A felicidade acontece no dia a dia. Felicidade é fruto na beira do abismo. É preciso colhê-lo e degustá-lo agora. Amanhã, ou ele já caiu, ou você já caiu...

# Vaga-lumes

Você me fez um pedido estranho: que eu escrevesse sobre vaga-lumes. Os outros, lendo assim sobre o seu pedido, poderiam concluir que você é louco. Vaga-lumes? Preciso, então, para protegê-lo, transcrever alguns trechos da sua carta, para que os leitores não só entendam o que você disse, mas que passem a amá-lo, mesmo sem conhecê-lo, como é o meu caso.

Você começa dizendo que não gostava de ler e que invejava as pessoas que tinham esse hábito. Foi então que sua irmã lhe emprestou um livro que escrevi, *Navegando*, que dediquei a um amigo muito querido que nos abandonou, vivendo agora num lugar por enquanto a mim inacessível, iluminado por vaga-lumes, o Elias Abrão. Tenho saudades dele. Depois da sua carta, sempre que vir um vaga-lume, eu me lembrarei dele. Aí você me deu grande alegria, dizendo que foi só começar o *Navegando* para que descobrisse que ler é igualzinho a navegar por mares desconhecidos...

Depois você diz que as ideias do Deus das religiões sempre o atormentaram, juiz-carrasco. Esse Deus estava em desarmonia como seu coração. Seu coração queria beleza, e o Deus das religiões não se importava com ela. Lendo minhas coisas, você descobriu um Deus que mostra seu rosto nas coisas belas.

Diz o Alberto Caeiro que pensar em Deus é desobedecer a Deus. Se Deus quisesse que pensássemos nele, ele apareceria a nossa frente e diria: "Estou aqui!". Mas isso nunca aconteceu. A eternidade se revela refletida no rio do tempo. William Blake falava em "ver a eternidade num grão de areia...". Já tive uma paciente que achou que estava ficando louca porque viu a eternidade numa cebola cortada! Cebolas, ela já as havia cortado centena de vezes para cozinhar. Para ela, cebolas eram comestíveis. Mas num dia como qualquer outro, ao olhar para a cebola que acabara de cortar, ela não viu a cebola: viu um vitral de catedral, milhares de minúsculos vidros brancos, estruturados em círculos concêntricos, onde a luz se refletia. Eu a tranquilizei. Não estava louca. Estava poeta. Neruda escreveu sobre a cebola: "rosa de água com escamas de cristal...".

Você viu o cacho de vaga-lumes e ficou pasmo. No meio da confusão da vida, uma revelação do eterno! Como era possível que houvesse coisa tão linda, tão silenciosa, tão escondida — que os olhos dos comuns dos mortais não viam?

Então você confessa a razão por que os seus olhos viram, no cacho de vaga-lumes, o brilho da eternidade: você é soropositivo. Ah! Ser soropositivo é ter sido tocado pelo toque da morte. Houve uma época em que se falar em aids era o mesmo que se falar em morte. (Mas não teremos todos nós sido tocados pelo toque da morte — só que não nos demos conta disso?) Assim, mergulhados na confusão da vida, nossos olhos não veem a eternidade. A consciência da morte opera transformações no olhar. Quem tem a morte como companheira vê coisas que ninguém mais vê. E você ficou agradecido pelo gentil toque da morte...

Falei com um amigo sobre seu e-mail. Ele, exegeta do Novo Testamento, sorriu e disse: "Sabe? No texto do Novo Testamento que descreve o nascimento do Menino Jesus está dito que os céus repentinamente foram cheios com a glória de Deus". E o verbo usado é "perilampein". "Lampein" é brilhar. Dele se deriva "lâmpada". E "peri" quer dizer "em volta": um brilho que ilumina tudo ao redor. É desse verbo que deriva "pirilampo"... Pirilampo é vaga-lume. Você pode imaginar que as estrelas, repentinamente, apareceram como milhões de vaga-lumes — e a luz era tão bela que aqueles que a viram sentiram que ali estava presente a beleza divina.

Quem vê a beleza divina num cacho de vaga-lumes com certeza viu a glória de Deus. Sempre que eu vir um vaga-lume, eu me lembrarei de você. Que os pirilampos o abençoem.

# Sobre a homossexualidade

Você me fala sobre seu sofrimento por ser homossexual. Não é o fato de você ser homossexual que o faz sofrer. É o olhar dos outros, especialmente o olhar dos pais, que ainda nada sabem.

Quero lhe dizer que tenho excelentes amigos, pelos quais nutro o maior respeito, que são homossexuais. São pessoas íntegras, criativas, inteligentes e generosas. Há homossexuais que são lixo? Há, da mesma forma como há heterossexuais que são lixo, sem princípios éticos, de inteligência curta e mesquinhos. Tchaikovski, Oscar Wilde, Marguerite Yourcenar (escreveu o fantástico livro *Memórias de Adriano*, o imperador romano homossexual) eram homossexuais.

## A GRANDE ARTE DE SER FELIZ

O que é homossexualidade? Uma das explicações que mais me convencem é a explicação genética, que é mais ou menos assim: no processo de definição de sexualidade de um embrião há uma série de relês que são disparados, um depois do outro: primeiro, o relê que define os caracteres sexuais primários; depois, os caracteres sexuais secundários; no fim, é disparado o relê que definirá a "imagem" que vai provocar as reações afetivas, químicas e hidráulicas, pré-requisitos para as experiências sexuais. O fato é que a sexualidade depende de uma "imagem" que vai mexer com o meu corpo. Você já havia pensado nisso, que a sexualidade depende da estética? É uma imagem que põe em ação as reações sexuais. Pois, segundo essa teoria, o que acontece nesse processo de disparo de relês é o seguinte: para alguns, o último relê é disparado, o que define a imagem amada, a imagem do sexo oposto. Um homem será mexido pela imagem de uma mulher. Uma mulher será mexida pela imagem de um homem. Mas há casos em que esse relê não é disparado, e o corpo fica então com a sua própria imagem: o homem se comoverá afetivamente contemplando a imagem de outro homem, e a mulher se comoverá afetivamente contemplando a imagem de outra mulher.

Sendo resultado de uma definição genética, a homossexualidade, sob esse ângulo, é como o daltonismo ou como o fato de uma pessoa ser canhota. Não é resultado de uma opção pessoal. Sendo resultado de um mecanismo genético natural, a homossexualidade não pode ser tida como pecado, da mesma forma como o daltonismo não é pecado. Pecado é só aquilo que é resultado de decisão pessoal. Mas a homossexualidade não é resultado de uma decisão pessoal. Não se trata, portanto, de uma "doença" que possa ser curada, da mesma forma como o daltonismo não pode ser curado. A única coisa que pode ser feita é aprender a conviver bem com essa condição.

## A GRANDE ARTE DE SER FELIZ

O grande problema dos homossexuais se encontra fora deles: está nos olhos maus e zombeteiros dos outros. E os olhos que mais fazem sofrer são os olhos dos pais.

Frequentemente a fúria contra os homossexuais é uma defesa contra o fato de que a pessoa é, no fundo, homossexual. O filme *Beleza Americana* apresenta o caso patético do coronel dos *marines* que escondia sob sua macheza um homossexual reprimido.

Alguns optam por viver na clandestinidade. Mas a clandestinidade implica a condenação ao medo permanente de ser descoberto. É preciso muita coragem para assumir a identidade sexual de homossexual.

# Sobre a salvação da minha alma

O QUE EU ESCREVI SOBRE DEUS e a fé causou perturbação em muitos leitores. Eles concluíram que a salvação da minha alma estava em perigo e me enviaram cartas, e-mails e telefonemas, com perguntas e advertências bíblicas sobre o assunto. Para tranquilizá-los, vou me explicar:

1. Sobre a Bíblia. Eu a estudei muito e a amo. Para mim, ela é um poema cujas palavras me confortam e me fazem mais sábio. Mas é preciso fazer uma distinção entre as palavras do poema, escritas, e aquilo que as pessoas pensam ao lê-lo. Toda leitura é uma interpretação, isto é, os pensamentos das pessoas que a leem. Todo sermão é pensamento de um homem e não pensamento

de Deus. A interpretação é diferente do poema. Cada igreja, cada congregação, cada seita se organiza em torno de uma interpretação particular, a da palavra de homem. Mas cada uma delas tem a ilusão de que a sua interpretação é a Palavra de Deus. Sendo a Palavra de Deus, é a única verdadeira. É muita presunção pensar que somente a minha seita interpreta certo, e todas as outras interpretam errado. O que eu escrevo é a minha interpretação, tão problemática quanto qualquer outra. É preciso não se esquecer da sabia afirmação do apóstolo Paulo: nós não sabemos direito as coisas; o que vemos são reflexos trêmulos e obscuros num espelho mal polido. É preciso não confundir os reflexos no espelho com o rosto verdadeiro que ninguém jamais viu. De Deus, a única coisa absolutamente certa que conhecemos é o amor (cf. 1 Cor 13).

2. O que é a fé? É também uma questão de interpretação. Há pessoas que pensam que fé é um

recurso mágico que garante que Deus vai nos atender. Para elas, um Deus que não atende a pedidos é um Deus muito fraco. Elas desejam garantias. Na minha interpretação, fé é uma relação de confiança com Deus: é flutuar num mar de amor, como se flutua na água. Quem é que ama mais o pai? Aquele que é fiel ao pai porque ele lhe dá os presentes pedidos, ou aquele que ama o pai, mesmo que ele não lhe dê presentes? A gente ama o pai é pelos presentes e bênçãos que ele dá, ou por ele mesmo? Amo a Deus, mesmo que não me dê presentes.

3. Acho que Cristo enche todos os espaços do universo. Lutero falava da "ubiquidade" do corpo de Cristo e dizia que ele está presente até na menor folha, muito embora nas folhas o nome dele não esteja escrito. Quem ama uma folha ama Cristo. Quem tem amor respira Cristo, mesmo que não fale o nome dele. Tiago diz que os demônios sabem tudo sobre Deus e, no entanto,

são demônios. Os Reformadores falavam no *"Christo absconditus"* — isto é, o Cristo escondido, invisível, sem nome, em toda a criação. Quem ama, mesmo que não cite as Escrituras nem saiba o nome de Cristo, está nele. Cristo não pode ser engarrafado em nomes religiosos. Isso seria heresia, negar a sua onipresença.
4. As Escrituras Sagradas são um livro enorme. Muitos dizem que as Escrituras inteiras são inspiradas. Se realmente acreditam nisso, então todos os textos têm de ser objeto do nosso amor, são "palavras de Deus". Noto, entretanto, que eles se comportam como se alguns textos fossem mais inspirados do que outros. Fazem silêncio sobre muitos textos. Por exemplo, nunca ouvi sermão católico sobre "Amada minha, em tua língua há mel e leite. Teus seios são como duas crias gêmeas de gazela..." (Ct 4:11,5); "Anda, come teu pão com alegria e bebe contente o teu vinho... Goza a vida com a mulher que amas to-

dos os dias da tua vida..." (Ecl 9:7,9). Por que o silêncio? Acho que, secretamente, eles acreditam que uns textos são mais palavra de Deus do que outros...

5. E quanto ao destino de minha alma, não se preocupem. Foi Jesus mesmo que disse aos fariseus, religiosos que viviam citando as Escrituras e tentando converter os outros, que as meretrizes entrariam no Reino dos Céus antes deles. E notem: Jesus não disse: meretrizes arrependidas. Entram as meretrizes mesmo e, atrás delas, entram também os fariseus hipócritas e tudo o mais que Deus criou. Deus criou tudo, não é? Vocês acham que ele ia entregar ao Diabo aquilo que saiu das suas mãos? Um Deus que é todo amor não pode ter no seu universo uma câmara de torturas eternas em que as almas sofrem por pecados cometidos no tempo. Quem ficaria feliz com isso é o Diabo. E vocês acham que Deus está a fim de realizar os desejos do Diabo? No

fim, o amor de Deus triunfa! E nós todos, vocês, eu, meretrizes e tudo o mais, estaremos entrando...

# "O lugar onde Deus nasce"

O RIOBALDO SABIA DAS COISAS. Ah! Você não sabe quem é Riobaldo e pede que eu explique. Pois explico. Riobaldo é o Guimarães Rosa do jeito como ele foi mesmo, nos sertões da sua alma, sem o fardão da academia dos escritores. A sabedoria dele é bruta. Fala sem explicar. Sabe que as explicações são inúteis. "Quem sabe entende", ele dizia. Filósofo sem delicadezas. Ousei mesmo dizer a um famoso professor de filosofia, formador de doutores, que era uma pena que os doutores que ele formava sabiam muito sobre minúcias dos espaços estrangeiros, Kant, Hegel, Bunge, Carnap, Frege e outros, mas nada sabiam sobre a filosofia do jagunço Riobaldo. Cada coisa que o Riobaldo diz me faz estremecer: entro num mundo que, sabendo, eu não sabia. Pois se eu tivesse poder e fosse organizar um programa de doutoramento em filosofia, todo aluno seria obrigado a ler diariamente o Riboaldo, feito monge que lê o breviário.

Doutor na vida, sabia em especial sobre as coisas de Deus e do Diabo. Todo mundo pergunta se Deus existe. Pois resposta melhor nunca encontrei nos livros de teologia e de filosofia. "Como não ter Deus? Com Deus existindo tudo dá esperança: sempre um milagre é possível, o mundo se resolve. Mas se não tem Deus, há-de a gente perdidos no vaivém, e a vida é burra. É o aberto perigo das grandes e pequenas horas, não se podendo facilitar... Tendo Deus é menos grave se descuidar um pouquinho, pois no fim dá certo. Mas, se não tem Deus, então a gente não tem licença de coisa nenhuma...".

Riobaldo revela o lugar onde Deus nasce. Tudo começa nesse lugarzinho dolorido, chamado "eu". Faz muitos anos que me pergunto: "O que é o 'eu'?". Quando eu tinha 6 anos, eu tinha ideias de criança na cabeça e falava "eu". Cresci, mudei minhas ideias, fiquei diferente. Mas continuei a falar "eu". Um outro "eu"? Não.

O mesmo "eu". Cresci mais, estudei na universidade, li muitos livros, pensei ideias que nunca pensara. Meu mundo ficou outro. Mas continuei a falar "eu", o mesmo "eu" que eu falava quando menino. Agora, velho, continuo a falar "eu", e, embora quase nada tenha restado do que eu pensei no passado, continuo a ser o mesmo "eu". Concluí que o "eu" é um bolso que o corpo carrega. Bolso é um espaço vazio. Quando menino, eu punha piões, bolas de gude, estilingues e balas no meu bolso. À medida que fui crescendo, fui tirando uns objetos do meu bolso e colocando outros. Mudaram os objetos, o bolso continua o mesmo...

Houve uma coisa dentro do meu bolso que não mudou. Não é uma ideia. É uma aflição, uma pergunta. Eu era ainda menino quando a aflição apareceu. Percebi que a vida está cheia de perdas.

## A GRANDE ARTE DE SER FELIZ

Morreu o cachorro, morreu o passarinho, cortaram a mangueira onde estava o balanço, morreu a mãe do meu amigo (ele ficou sozinho...), a mãe da gente vai morrer, os cabelos dela estão ficando brancos... E a gente percebe que, no fim, o bolso vai se rasgar e tudo que estava guardado dentro dele vai se perder. Esse rasgo no bolso é a morte. No final, nós mesmos vamos morrer... Esses não são pensamentos de gente velha. Não precisam ser ensinados. Já nascem conosco. Minha filha tinha 2 anos quando me acordou, às 6 horas da manhã, para me perguntar: "Papai, quando você morrer, você vai sentir saudades?". Tudo o que a gente ama vai escorrer pelo buraco do bolso. Aí bate a tristeza. Todos nós somos, metafisicamente, tristes. Esse é o nosso pecado original.

Acontece que nesse bolso mora uma outra coisa, uma chama que queima sem parar. Como "um círio numa catedral em ruínas", disse o Vinícius. O nome dessa chama é "amor". E o amor não aceita a perda das coisas amadas. Tudo que é amado, o coração quer que seja eterno. E a gente quer, então, acreditar que de alguma forma as coisas amadas não estão perdidas. Estão só guardadas. Até Nietzsche, que disse que o velho Deus tinha morrido, alimentava a louca ideia de que a vida é uma ciranda, e que tudo o que se perdeu haverá de voltar. Como na sonata de Beethoven, "O Adeus", 1ª parte: O Adeus; 2ª parte: A Ausência; 3ª parte: O Retorno. "Com Deus existindo tudo dá esperança"... Deus é a esperança que o amor inventa para não perder a alegria... Ideia louca? Pode ser. Só sei que cuido bem da minha chama para que a catedral arruinada não fique na escuridão.